리더 가이드
A Guide for Leaders

정의호 지음

새 성경 시대를 위한
NEW BIBLE STUDY 시리즈 10 리더가이드

리더 가이드

초판발행 / 2006년 2월 9일
개정판 / 2021년 5월 30일
지은이 / 정의호
펴낸곳 / 그열매
펴낸이 / 정의호
출판 등록 / 2003년 4월 15일
등록번호 / 제 145호
주소 / (12772) 경기도 광주시 오포읍 태재로 119
전화 / 031-711-0191
팩스 / 031-711-0149

리더 가이드

A Guide for Leaders

서 론

    본 교재는 교회 생활에서 하나님의 일을 맡은 동역자들이 각자 맡은 하나님의 거룩한 직분을 보다 충성되게 감당하는 데 도움을 줄 목적으로 만들어졌습니다. 세상에서 맡은 직분도 성실하게 해야 하지만, 하나님의 영적인 직분을 맡은 사람들은 더욱 하나님 앞에 부끄러울 것이 없이 충성되어야 합니다.

    하나님의 일을 하는 데 있어서 중요한 것은 그 직분을 통해 하나님을 기쁘시게 함으로 하나님께 영광을 돌리는 것입니다. 무슨 일을 얼마나 많이 하는가보다 더 중요한 것은 하나님께서 원하시는 일을 하나님의 뜻에 합당한 자세와 방법으로 하는 것입니다. 하나님의 선한 일을 하면서도 그 일을 하나님의 뜻대로 하지 않을 때는 오히려 그 직분으로 인해 하나님을 근심시키게 되고 칭찬받지 못하는 경우가 있기 때문입니다.

    직분을 맡는다는 것은 자신이 다른 사람보다 더 성숙해서 가르치고 지배하는 위치에 있다는 개념이 아닙니다. 예수 그리스도의 일꾼이 된다는 것은 다른 사람을 섬기는 종의 직분을 맡는 것입니다. 그러므로 예수 그리스도의 좋은 동역자가 되는 자격은 예수 그리스도의 마음으로 낮아져서 섬길 수 있는 종의 인격을 갖는 것입니다.

    또한 예수 그리스도의 좋은 일꾼은 다른 사람을 가르치는 자세보다 다른 사람들로부터 예수 그리스도를 배우려는 자세를 가진 사람입니다. 그러므로 좋은 일꾼은 맡은 직분으로 다른 사람에게 많은 은혜를 끼치는 것과 함께 그 직분을 통해 자신의 인격이 더욱 성장하게 됩니다. 예수 그리스도의 좋은 일꾼은 그 직분을 통해 예수 그리스도의 인격을 닮아가는 사람입니다.

하나님은 그 맡기신 직분을 장차 받을 상급의 수단으로 사용하십니다. 맡은 직분에 대해 각자 행한 대로 갚아 주시기 때문입니다. 그러므로 하나님의 일을 맡은 일꾼에게는 맡은 일에 대한 충성심과 헌신의 자세가 요구됩니다. 세상 일을 맡은 사람도 자기 일에 태만하거나 불성실할 때 책망을 받습니다. 하물며 자격 없는 자에게 맡겨주신 하나님의 직분을 소홀히 여길 때는 하나님의 책망을 받습니다.

하나님은 모든 사람에게 각자의 분량에 따라 달란트를 주셨습니다. 그리고 그 받은 달란트를 사용하여 열심히 장사하라고 하셨습니다. 다섯 달란트와 두 달란트 받은 종들이 그 주인의 뜻을 따라 충성되게 맡은 일을 감당할 때 각자 그 행한 대로 상급이 주어졌습니다. 그러나 한 달란트 맡은 자가 게으르고 악한 마음으로 주인의 뜻을 거스르며 불충성할 때 그는 행한 대로 주인의 집에서 내어쫓김을 당하는 심판을 받았습니다.

그러므로 하나님께서 맡겨주신 일을 충성되게 감당함으로써 하나님으로부터 풍성한 상급을 받는 일꾼이 되시기 바랍니다. 좋은 리더는 자신만 리더가 되는 것이 아니라 자기보다 나은 또 다른 리더를 세우는 사람입니다. 그것이 자신의 면류관이요, 자랑거리가 됩니다. 자신을 통해 또 다른 리더를 세우는 예수 그리스도의 충성된 리더가 되시기 바랍니다.

2021. 5 김 의 호

차 례

서론

For we are God's fellow workers; you are God's field, God's building.
By the grace God has given me, I laid a foundation as an expert builder, and someone else is building on it. But each one should be careful how he builds. **- 1 Corinthians 3:9 -**

Part 01

리더의 자격

"우리는 하나님의 동역자들이요
너희는 하나님의 밭이요 하나님
의 집이니라" (고린도전서 3:9).

I. 리더의 자격

리더는 하나님의 사역을 위해 부름받아 하나님이 세우시는 사람을 말합니다. 리더의 자격은 세상의 어떤 지위나 지식으로 결정되지 않습니다. 이 일은 이 세상의 일이 아니라, 하나님 나라에 속한 영적인 일이기 때문입니다. 그러므로 하나님의 일꾼으로 세워지는 사람은 세상적인 기준이 아니라 하나님이 원하시는 영적인 기준에 따라야 합니다.

1. 영적인 자격

하나님의 일은 영적 세계에 속한 것이므로 영으로 거듭난 사람만이 할 수 있습니다.

1) 예수 그리스도를 믿고 인격적으로 만남

하나님의 일꾼은 예수 그리스도를 영접하고 거듭난 그리스도인이어야 합니다. 비록 교회 경력이 오래 되고, 사회적인 지위가 높고 탁월하다고 해도 영적으로 거듭나지 않은 사람은 교회 일꾼의 직분을 맡을 수 없습니다. 그런 사람은 하나님의 영적인 일을 모른 채 종교적인 일을 할 뿐입니다. 거듭나지 않은 종교적인 사람은 하나님의 뜻을 알 수 없기 때문입니다.

요한복음 3:3
예수께서 대답하여 이르시되 진실로 진실로 네게 이르노니 사람이 거듭나지 아니하면 하나님의 나라를 볼 수 없느니라

하나님의 일꾼은 교회만 열심히 다니며 봉사를 잘하는 사람이 아니라, 먼저 예수 그리스도를 자신의 구주로 영접한 사람이어야 합니다. 그 안에 예수 그리스도의 영이 있는 사람이어야 하나님의 마음을 알아 그의 뜻대로 행할 수 있습니다.

로마서 8:8
육신에 있는 자들은 하나님을 기쁘시게 할 수 없느니라
로마서 8:9
만일 너희 속에 하나님의 영이 거하시면 너희가 육신에 있지 아니하고 영에 있나니 누구든지 그리스도의 영이 없으면 그리스도의 사람이 아니라

하나님의 일꾼은 육신에 속한 자가 아니라 하나님의 영에 속한 자라야 합니다. 육신에 속한 자는 육신의 일을 생각하고, 영에 속한 자는 영의 일을 생각하기 때문입니다.

2) 성령으로 세례 받음

하나님의 일꾼은 영적인 일을 섬기는 직분입니다. 이 일은 혈과 육에 속한 종교적이거나 인간적인 일이 아닌 영적인 일입니다. 그러므로 하나님 나라에 속한 영적인 일을 하기 위해서는 성령을 받아야 합니다. 그래야 성령의 권능을 받아 예수 그리스도의 증인의 삶을 살 수 있기 때문입니다.

> 사도행전 1:4
> 사도와 함께 모이사 그들에게 분부하여 이르시되 예루살렘을 떠나지 말고 내게서 들은 바 아버지께서 약속하신 것을 기다리라
> 사도행전 1:5
> 요한은 물로 세례를 베풀었으나 너희는 몇 날이 못되어 성령으로 세례를 받으리라 하셨느니라

성령을 받지 못한 사람은 영적인 일을 깨닫지도 못하며 이해할 수도 없습니다. 그러므로 성령이 하시는 일을 받아들이지 못할 뿐 아니라 오히려 판단하고 비판하는 일을 합니다.

> 고린도전서 2:13
> 우리가 이것을 말하거니와 사람의 지혜가 가르친 말로 아니하고 오직 성령께서 가르치신 것으로 하니 영적인 일은 영적인 것으로 분별하느니라
> 고린도전서 2:14
> 육에 속한 사람은 하나님의 성령의 일들을 받지 아니하나니 이는 그것들이 그에게는 어리석게 보임이요, 또 그는 그것들을 알 수도 없나니 그

성령을 받지 않은 사람은 하나님의 뜻을 바르게 분별하지 못하므로 하나님의 일을 할 수 없고 종교적인 일만 할 수밖에 없습니다. 하나님의 영적인 일은 오직 성령으로만 분별할 수 있기 때문입니다.

3) 자기 죄를 회개함

예수 그리스도의 사역의 가장 중요한 부분은 십자가에서 우리의 죄를 해결하신 것입니다. 하나님의 일꾼은 먼저 예수님의 십자가를 통해 자기 죄를 회개한 죄사함의 체험이 있어야 합니다. 하나님의 일꾼은 다른 사람의 죄를 다루는 일을 감당해야 하기 때문입니다.

하나님의 일꾼이 하는 중요한 사역은 죄인을 그리스도에게로 인도하는 것입니다. 그러므로 다른 사람의 죄 문제를 돕는 사람은 먼저 자기 죄 문제가 해결된 사람이어야 합니다. 자기 죄 문제를 해결받지 못한 사람은 다른 사람의 죄 문제를 도울 수 없습니다. 자기 죄로 인해 다른 사람의 죄를 판단하는 사단의 정죄에 빠지기 때문입니다.

사도행전 2:38
베드로가 이르되 너희가 회개하여 각각 예수 그리스도의 이름으로 세례를 받고 죄 사함을 받으라 그리하면 성령의 선물을 받으리니 자기 죄를 회개하고 죄사함을 받지 못한 사람은 다른 사람의 죄를 용서할 능력이 없습니다. 그래서 다른 사람의 죄를 판단하고 고소하는 죄에 빠집니다. 죄를 회개할 때 죄사함을 통해 성령을 받아 죄를 이길 수 있는 능력을 얻습니다.

2. 인격적인 자격

하나님의 일꾼은 준비된 자신의 신앙 인격의 정도에 따라 쓰임받습니다.

1) 영적인 권위에 순종함

교회는 예수 그리스도를 머리로 하는 영적 질서를 통해 하나님의 영적 권세를 나타냅니다. 그러므로 교회 안에 하나님이 세우신 영적인 권위에 순종함으로 하나님의 뜻에 순종하는 일꾼이 될 수 있습니다.

세상 원리를 따라 사는 사람은 세상적인 일은 할 수 있으나, 세상 원리로 이해할 수 없는 하나님의 일은 할 수 없습니다. 그러나 하나님은 하나님의 권위에 순종하는 사람을 통해 세상 이론을 초월하는 일을 행하시기도 합니다. 그러므로 이 세상의 나이, 학력, 지위, 능력과 관계없이 하나님이 세우신 영적인 권위에 순종할 수 있어야 합니다.

로마서 13:1
각 사람은 위에 있는 권세들에게 복종하라 권세는 하나님으로부터 나지 않음이 없나니 모든 권세는 다 하나님께서 정하신 바라
로마서 13:2
그러므로 권세를 거스르는 자는 하나님의 명을 거스름이니 거스르는 자들은 심판을 자취하리라

또한 하나님의 권위를 받은 사람은 인간적인 권위의식으로 자기 권위를 내세우거나 주장하는 자세로 하지 않아야 합니다. 이 권위는 사람에게서 나온 것이 아니라 하나님으로부터 나온 영적 권위이기 때문입니다. 이 영적 권위는 예수님으로부터 주어지는 인격적인 권위이며, 이 권위는 사랑의 섬김과 낮아지는 헌신의 자세로 사용되어야 합니다.

2) 다른 사람의 죄를 용서함

하나님 나라의 의는 이 세상 죄와의 싸움을 통해 이루어집니다. 그러므로 먼저 자신의 죄 문제가 해결된 사람만이 이 싸움을 할 수 있습니다. 자기 죄 문제를 해결하지 못하는 사람은 다른 사람의 죄와 허물을 용서하지 못함으로 인해 남의 죄를 판단하고 정죄하는 마귀의 올무에 빠져 패배합니다.

하나님의 일을 하고자 하는 일꾼은 먼저 자신이 하나님 앞에 묶인 것이 없어야 합니다. 이를 위해 다른 사람의 죄를 주님의 사랑으로 용서하는 십자가의 능력을 가져야 합니다. 날마다 자신의 죄에 대한 회개와 다른 사람의 죄에 대한 용서의 삶을 살아야 하나님과의 관계에 막힘이 없습니다.

마태복음 6:15
너희가 사람의 잘못을 용서하지 아니하면 너희 아버지께서도 너희 잘못을 용서하지 아니하시리라

다른 사람의 죄를 용서하지 못할 때 하나님과의 관계가 막히므로 그것이 사람과의 관계를 묶이게 합니다. 이를 위해 날마다 자신의 죄에 대해 십자가에 죽는 연습이 필요합니다.

3) 영혼 사랑

하나님의 일꾼이 하는 중요한 일은 하나님의 나라를 위해 복음으로 다른 영혼을 전도하고 양육하는 것입니다. 한 영혼의 생명을 사랑하는 열정과 그 영혼을 귀하게 여기며 섬기고자 하는 마음이 있어야 합니다. 한 영혼을 위해 기꺼이 자신의 생명을 드리며 헌신하고자 하는 예수님의 사랑을 가진 자라야 합니다.

마가복음 6:34
예수께서 나오사 큰 무리를 보시고 그 목자 없는 양 같음으로 인하여
불쌍히 여기사 이에 여러 가지로 가르치시더라

하나님의 일꾼은 많은 일을 하는 사람이기 전에 한 영혼을
하나님의 사랑으로 섬기며, 영적 생명을 줄 수 있는 사람이어야
합니다. 영혼에 대한 사랑과 열정이 없으면, 일 중심적인 메마른
종교인이 됩니다. 영혼의 양육은 지식과 일로써 하는 것이 아니
라 영혼에 대한 하나님의 마음으로 하는 것입니다.

4) 영적인 말씀을 받음
하나님의 일꾼은 하나님의 영적인 말씀을 들을 수 있어야
합니다. 그래야 그 말씀을 자기 삶에 적용하여 순종하는 믿음이
생깁니다. 하나님의 말씀을 영으로 듣지 못하고 지식적으로 듣는
사람은 영적인 생명이 없습니다. 성령으로 거듭난 그리스도인의
영적인 양식은 하나님의 말씀이기 때문입니다. 영적인 말씀을 받
지 못하는 사람은 영적인 능력이 없어 무기력해집니다. 예수 그
리스도의 말씀으로 영적 생명을 가진 사람만이 다른 사람의 영
혼을 말씀으로 살릴 수 있습니다.

요한복음 6:63
살리는 것은 영이니 육은 무익하니라 내가 너희에게 이른 말은 영이요
생명이라

하나님의 말씀을 육으로 듣는 사람은 다른 사람을 인간적으로 돕게 됩니다. 이것은 그 사람의 영혼을 살리는 일에는 무익합니다. 오직 예수님의 말씀을 영이요, 생명으로 받는 사람만이 다른 사람의 생명을 살리는 영적인 말씀을 전할 수 있습니다.

5) 온전한 주일 성수와 물질생활

하나님을 섬기는 일꾼은 하나님과의 관계에 걸림이 없어야 합니다. 그 중에 하나님과의 관계를 깨뜨리는 중요한 두 가지로 온전한 주일을 지키는 것과 하나님께 드리는 헌물의 문제입니다.

먼저 주일은 구약의 안식일의 개념에서 나온 것으로 이 날은 하나님이 복 주시고 거룩하게 구별하신 날입니다. 하나님은 그 날 하루 전체를 하나님의 날로 온전히 지키게 했습니다. 주일을 범하는 것은 하나님의 거룩한 날을 더럽히고, 도적질하는 죄입니다. 그 죄로 인해 하나님과의 영적인 관계가 단절되므로 그 영이 죽습니다. 주일을 지키는 것은 '예배' 개념으로 지키는 것이 아니라 그 날 하루를 온전히 하나님께 드리는 '날' 개념으로 지켜야 합니다.

출애굽기 31:13
너는 이스라엘 자손에게 말하여 이르기를 너희는 나의 안식일을 지키라 이는 나와 너희 사이에 너희 대대의 표징이니 나는 너희를 거룩하게 하는 여호와인 줄 너희가 알게 함이라

출애굽기 31:14
너희는 안식일을 지킬지니 이는 너희에게 거룩한 날이 됨이니라 그 날을 더럽히는 자는 모두 죽일지며 그 날에 일하는 자는 모두 그 백성 중에서 그 생명이 끊어지리라

또 하나는 하나님께 드려야 할 헌물입니다. 하나님께 마땅히 드려야 할 십일조와 여러 가지 헌물을 드리지 않는 것으로 하나님 앞에 걸림이 됩니다. 이것은 하나님께 드려야 할 물질을 도적질하는 죄입니다. 이로 인해 하나님과의 영적 관계가 단절됩니다.

말라기 3:8
사람이 어찌 하나님의 것을 도둑질하겠느냐 그러나 너희는 나의 것을 도둑질하고도 말하기를 우리가 어떻게 주의 것을 도둑질하였나이까 하는도다 이는 곧 십일조와 봉헌물이라
말라기 3:9
너희 곧 온 나라가 나의 것을 도둑질하였으므로 너희가 저주를 받았느니라

하나님의 일꾼은 물질 문제에 걸림이 없어야 합니다. 하나님을 사랑하고 감사하는 마음은 자신의 물질을 사용하는 것을 통해서 나타납니다. 하나님보다 세상을 더 사랑하는 사람은 하나님을 위한 것에는 인색하면서 자신과 세상을 위해서는 넉넉한 마음을 가지고 있습니다. 우리의 보물이 있는 그곳에 우리의 마음이 있습니다.

하나님께 대한 의무감으로 십일조만 하는 것은 율법적인 물질관입니다. 하나님이 주신 많은 은혜에 대해 감사를 표하지 않는 것과 하나님 앞에 기념할 일들에 대해 예물을 드리지 않는 것은 봉헌물을 도적질하는 것이라고 합니다. 또한 하나님 나라의 일을 위한 선교, 구제, 건축 등에 즐거운 마음으로 예물을 드리는 삶을 통해 하나님의 마음에 합한 삶을 살아야 합니다.

> 누가복음 16:13
> 집 하인이 두 주인을 섬길 수 없나니 혹 이를 미워하고 저를 사랑하거나 혹 이를 중히 여기고 저를 경히 여길 것임이니라 너희는 하나님과 재물을 겸하여 섬길 수 없느니라

하나님 앞에 물질에 자유함이 없으면 다른 주인을 섬기는 것입니다. 하나님을 나의 모든 물질의 주인으로 모실 수 있어야 합니다.

3. 사역적인 자격

하나님의 일꾼은 하나님의 일을 하기에 합당한 자세를 가지고 있어야 합니다.

1) 하나님 나라에 대한 비전

하나님의 일꾼은 자신에게 주어진 하나님 나라의 비전을 위해 살고자 하는 열정이 있어야 합니다. 예수 그리스도께서 우리에게 부탁하신 지상 대명령은 모든 족속에게 복음을 전하여 예수님의 제자를 삼는 것입니다. 이 일을 위해 자신의 삶을 드리는 것에 최고의 가치를 가지고 있어야 합니다.

> 마태복음 28:19
> 그러므로 너희는 가서 모든 민족을 제자로 삼아 아버지와 아들과 성령의 이름으로 세례를 베풀고
> 마태복음 28:20
> 내가 너희에게 분부한 모든 것을 가르쳐 지키게 하라 볼지어다 내가 세상 끝날까지 너희와 항상 함께 있으리라 하시니라

예수 그리스도의 증인으로 산다는 것은 주님을 위해 자기 인생을 온전히 드리는 것입니다. 예수 그리스도의 일꾼은 주님의 명령을 자신의 사명으로 받아 그 비전을 위한 삶을 사는 것입니다. 그리스도의 일꾼은 자기의 형편을 따라 살지 않고 오직 그리스도께서 주신 비전을 따라 사는 자입니다.

> 이사야 6:8
> 내가 또 주의 목소리를 들으니 주께서 이르시되 내가 누구를 보내며 누가 우리를 위하여 갈꼬 하시니 그 때에 내가 이르되 내가 여기 있나이다 나를 보내소서 하였더니

주님의 일꾼은 하나님 나라를 위해 자신의 인생을 드리는 이 삶이 가장 값진 삶이라는 확고한 가치관이 있어야 합니다.

2) 동역

하나님의 일꾼은 그리스도의 몸된 교회 안에서 다른 사람과 더불어 섬길 수 있는 사람이어야 합니다. 하나님 나라는 공동체로 이루어지는 사역이며 한 개인이 독립적으로 하는 사역이 아니기 때문입니다. 하나님의 일은 한 사람이 모든 일을 다 행하는 방법으로 하지 않습니다. 하나님의 일은 교회의 몸 된 다른 지체들과 함께 동역하는 방법으로 이루어집니다. 그러므로 하나님의 일꾼은 하나님의 일을 다른 사람과 더불어 같이 할 수 있는 겸손한 인격을 가진 사람이어야 합니다.

> 고린도전서 12:26
> 만일 한 지체가 고통을 받으면 모든 지체가 함께 고통을 받고 한 지체가 영광을 얻으면 모든 지체가 함께 즐거워하느니라
> 고린도전서 12:27
> 너희는 그리스도의 몸이요 지체의 각 부분이라

다른 사람과 함께하지 않는 일은 하나님의 일을 하는 것이 아니라 자기 일을 하는 것입니다. 다른 사람을 넘어지게 하면서까지 그 일을 하는 것은 자기 영광을 위해 그리스도의 몸을 상

하게 하여 무너뜨리는 것입니다. 오직 몸 된 교회와 하나님의 영광만을 위해 일하고자 하는 사람만 자기를 부인하며 다른 사람과 동역할 수 있습니다.

3) 하나님의 일에 우선권을 둠

하나님의 일꾼은 하나님 나라의 공인입니다. 공인은 자기 사생활에 매이지 않고 공적인 일을 우선시하는 자세를 가져야 합니다. 그러므로 모든 일 가운데 항상 하나님과 그의 나라를 우선적으로 섬길 수 있어야 합니다.

마태복음 6:33
그런즉 너희는 먼저 그의 나라와 그의 의를 구하라 그리하면 이 모든 것을 너희에게 더하시리라

세상을 위해 살아가는 사람은 모든 시간과 물질을 세상과 자기를 위해 먼저 사용하며, 하나님의 일은 나중으로 미룹니다. 그러나 하나님의 일꾼은 자신의 물질, 시간, 건강, 상황을 하나님이 기뻐하시는 일에 먼저 사용합니다. 하나님보다 더 우선시하는 것이 있다면 그것이 그의 우상입니다.

누가복음 14:26
무릇 내게 오는 자가 자기 부모와 처자와 형제와 자매와 더욱이 자기

목숨까지 미워하지 아니하면 능히 내 제자가 되지 못하고

누가복음 14:27

누구든지 자기 십자가를 지고 나를 따르지 않는 자도 능히 내 제자가
되지 못하리라

하나님의 일꾼의 우선순위는 이 세상에서 자신에게 가장 소
중한 것보다 주님을 따르는 것을 더 우선시하는 것입니다. 그 모
든 것을 하나님께 맡기는 믿음이 있어야 합니다.

4) 하나님 중심

하나님의 일꾼은 사람 앞에 살지 않고 하나님 앞에 사는 자
세를 가져야 합니다. 하나님의 일꾼은 사람의 일을 위해 부름받
은 것이 아니라 오직 하나님만을 기쁘시게 하기 위해 부름받은
사람입니다. 그러므로 사람의 인정과 칭찬을 기대하며 사람 앞에
살지 않아야 합니다. 사람의 눈치를 보는, 사람의 종이 되어서는
안 되며 오직 하나님의 칭찬과 상급만을 바라며, 청결한 양심으
로 섬길 수 있는 하나님의 종이 되어야 합니다.

갈라디아서 1:10

· 이제 내가 사람들에게 좋게 하랴 하나님께 좋게 하랴 사람들에게 기쁨
을 구하랴 내가 지금까지 사람들의 기쁨을 구하였다면 그리스도의 종
이 아니니라

하나님을 위해 헌신한 모든 것에 대해서는 오직 하나님이 주실 하늘의 상급만을 바라보아야 합니다. 그래야 이 땅에서 받는 사람의 영광에 매이지 않게 됩니다.

마태복음 6:1
사람에게 보이려고 그들 앞에서 너희 의를 행하지 않도록 주의하라 그리하지 아니하면 하늘에 계신 너희 아버지께 상을 받지 못하느니라

이 땅에서 사람에게 보이려고 한 모든 의는 하늘에서 받을 상이 없습니다. 오직 은밀하게 보시는 하나님 앞에서 하는 일만이 하나님의 상을 받습니다.

5) 자기 부인과 십자가

하나님의 일을 하고자 하는 사람은 세상에 속한 육신의 일을 부인하고, 자신을 십자가에 죽이는 인격이 있어야 합니다. 자기의 생각과 감정을 부인하지 못하는 사람은 주님보다 자신을 더 사랑하기 때문입니다. 자기 십자가를 지지 못하는 사람은 자기가 살기 위해 예수님을 십자가에 못 박는 일을 합니다. 주님의 일을 하려는 사람은 예수님 때문에 자신을 십자가에 못 박을 수 있어야 합니다.

갈라디아서 5:24
그리스도 예수의 사람들은 육체와 함께 그 정욕과 탐심을 십자가에 못
박았느니라

육신에 속한 자기 정욕과 탐심을 십자가에 못 박은 사람만이
다른 사람의 죄에 대해 기꺼이 죽을 수 있습니다. 예수 그리스도
의 십자가의 능력은 그런 사람을 통해 나타납니다.

1. 리더의 영적인 자격은 무엇인가요? 영적리더가 되기 위해서 자신이 갖추어야 할 영적 자격은 무엇인지 나누어 보세요.

2. 리더의 인격적인 자격은 무엇인가요? 영적리더가 되기 위해서 자신이 갖추어야 할 인격적 자격은 무엇인지 나누어 보세요.

3. 리더의 사역적인 자격은 무엇인가요? 영적리더가 되기 위해서 자신이 갖추어야 할 사역적인 자격은 무엇인지 나누어 보세요.

"His master replied, 'Well done, good and faithful servant! You have been faithful with a few things; I will put you in charge of many things. Come and share your master's happiness!'
- Matthew 25:21 -

Part 02

리더의 직분

"그 주인이 이르되 잘하였도다 착하고 충성된 종아 네가 적은 일에 충성하였으매 내가 많은 것을 네게 맡기리니 네 주인의 즐거움에 참여할지어다 하고" (마태복음 25:21).

I. 직분의 유익

그리스도인은 예수 그리스도를 믿고 구주로 영접하여 영원한 하나님 나라의 구원을 얻은 사람입니다. 구원은 예수님을 믿는 믿음으로 단번에 받습니다. 그러나 구원받은 것으로 모든 것이 다 이루어진 것이 아닙니다. 구원받은 성도의 새로운 삶은 그때부터 시작됩니다.

어린 아이가 새 생명으로 태어나는 것은 매우 기쁘고 큰 일입니다. 그러나 어린 아이가 세상에 태어난 것으로 모든 것이 다 이루어진 것이 아닙니다. 그 때부터 그의 삶이 시작되는 출발일 뿐입니다. 그 이후에 그 아이가 온전한 사람으로 성장하기 위한 양육이 필요하기 때문입니다. 새로 태어난 어린아이는 온전한 인격체로 성장하여 가정과 사회에서 자기 역할을 잘 감당하기 위해서는 그 이후에 필요한 양육과 교육을 받아야 합니다.

이와 같이 구원받은 사람도 하나님 나라의 백성으로서 온전한 역할을 감당할 수 있기 위해서는 필요한 양육과 훈련의 과정이 필요합니다. 그래야 하나님께서 각자에게 주신 사명을 감당하는 성숙한 삶을 살 수 있기 때문입니다.

구원은 하나님의 은혜로 값없이 받지만, 상급은 각자 하나님 앞에 자기가 행한 것으로 받습니다. 비록 구원은 받았어도 하나님 나라를 위해 행한 것이 없는 사람은 하나님 나라에 상급이 없습니다. 하지만 하나님의 일은 자기가 원한다고 다 할 수 있는 것이 아닙니다. 또한 많은 일을 했다고 해서 그것이 모두 상급이 되는 것도 아닙니다. 하나님의 일은 하나님의 뜻대로 하는 것만 하나님께서 인정하시기 때문입니다(마태복음 7:21-23). 그 기준은 하나님의 말씀에 순종하는 방법으로 하는 것입니다. 하나님이 하라는 것은 하고, 하지 말라는 것은 하지 않는 것입니다. 이런 순종의 인격을 위해서 영적인 양육과 훈련이 필요합니다.

1. 축복의 통로

하나님의 직분은 그 자체가 하나님의 은혜이며, 하나님의 축복의 통로입니다. 하나님은 인간을 창조하시고 먼저 복을 주시고 그에게 사명을 주셨습니다.

> 창세기 1:28
> 하나님이 그들에게 복을 주시며 하나님이 그들에게 이르시되 생육하고 번성하여 땅에 충만하라, 땅을 정복하라, 바다의 물고기와 하늘의 새와 땅에 움직이는 모든 생물을 다스리라 하시니라

하나님이 맡겨주신 직분을 충성스럽게 감당하는 것은 하나님이 주시는 많은 복을 받는 기회가 됩니다.

1) 은혜의 통로

하나님의 사명을 감당할 때 그 직분이 하나님을 인격적으로 더 깊이 만나는 은혜의 통로가 됩니다. 또한 하나님을 섬기는 것을 통해 하나님의 성품과 능력 그리고 하나님이 일하시는 방법을 구체적으로 배울 수 있는 기회가 주어집니다. 그리고 하나님을 위해 충성하는 사람은 하나님의 깊은 사랑을 체험적으로 배울 수 있습니다. 하나님은 자기를 위해 충성하는 자에게 먼저 좋은 것을 주십니다.

> 디모데후서 2:6
> 수고하는 농부가 곡식을 먼저 받는 것이 마땅하니라

하나님이 주시는 사명을 잘 감당하는 사람에게는 항상 마르지 않는 생수와 같은 기쁨이 넘치게 하십니다. 주님을 위해 헌신하는 그 자체가 자기 영혼에 양식이 되기 때문입니다.

> 요한복음 4:34
> 예수께서 이르시되 나의 양식은 나를 보내신 이의 뜻을 행하며 그의 일을 온전히 이루는 이것이니라

2) 훈련의 통로

하나님의 직분을 감당할 때 많은 수고와 헌신이 따릅니다. 하나님은 그것을 통해 자신의 인격을 아름답게 다듬을 수 있는

훈련의 기회로 삼으십니다.

우리가 하나님의 일을 할 때 자기를 부인하지 않고 할 수 있는 일은 아무 것도 없습니다. 그러므로 주어진 직분을 감당하기 위해서는 자기를 부인하고, 자신이 십자가에 죽어야 합니다.

마태복음 16:24
이에 예수께서 제자들에게 이르시되 누구든지 나를 따라오려거든 자기를 부인하고 자기 십자가를 지고 나를 따를 것이니라

하나님은 자기 부인과 순종의 훈련을 통해 우리의 옛 사람을 변화시켜 예수 그리스도의 인격을 닮아가게 하십니다. 직분이 아니면 자기 육신의 뜻대로 살 수밖에 없습니다. 하지만 하나님의 직분 때문이라도 자기 육신을 죽이고 하나님께 순종하는 훈련을 통해 예수 그리스도의 형상을 닮아가게 됩니다.

3) 은사의 통로
하나님은 하나님의 일을 능력있게 섬길 수 있도록 성령의 은사를 주십니다. 하나님의 은사는 하나님을 위해 충성하는 것을 통해 나타나며, 그럴 때 그 은사가 더욱 활성화됩니다.

디모데후서 1:6
그러므로 내가 나의 안수함으로 네 속에 있는 하나님의 은사를 다시 불일 듯 하게 하기 위하여 너로 생각하게 하노니

하나님을 위해 일하지 않을 사람에게는 은사가 있어도 나타나지 않습니다. 또한 하나님을 위해 사용하지 않는 은사는 활성화되거나 계발되지도 않습니다. 그러나 하나님을 섬기려고 하는 사람에게는 그 일을 섬길 수 있는 성령의 능력과 은사를 계발시켜 주십니다.

2. 상급의 수단

운동 경기에 상이 있듯이 신앙의 경주에도 그 행한 대로 각자에게 주어지는 하나님 나라의 상이 있습니다. 모든 사람은 마지막 때에 하나님의 심판대 앞에 서게 됩니다. 그 때 하나님은 각자가 행한 대로 의와 죄에 대해 심판하십니다. 하나님을 위해 충성한 사람에게는 그 행한 대로 의로운 상을 주십니다.

> 고린도전서 3:8
> 심는 이와 물 주는 이는 한가지이나 각각 자기가 일한 대로 자기의 상을 받으리라

1) 면류관
하나님은 이 땅에서 주어진 직분을 충성스럽게 감당하는 사

람에게 그 행한 대로 천국에서 각종 면류관을 주십니다. 주님을 위해 이 세상에서 핍박과 고통으로 흘린 모든 눈물의 수고는 결코 없어지지 않고 하나님께서 다 갚아주십니다. 그러므로 하나님의 일을 하는 사람은 오직 행한 대로 공평하게 갚아주시는 하나님만 바라보아야 합니다.

> 요한계시록 2:10
> .....네가 죽도록 충성하라 그리하면 내가 생명의 관을 네게 주리라

이 땅에서 감당한 모든 수고와 고난을 장차 하나님께서는 그와 족히 비교할 수 없는 영원한 상급으로 갚아주십니다.

2) 권세

하나님의 직분을 감당한 사람에게는 그 정도에 따라 하나님 나라의 영적 권세가 주어집니다. 이 세상에서 하나님을 위해 많은 봉사를 한 사람은 그 분량에 따라 하나님 나라에서 영적인 권세를 받습니다. 장차 하나님 나라에서 받을 지위와 권세는 각자 이 땅에서 행한 것에 따라 결정됩니다.

> 누가복음 19:16
> 그 첫째가 나아와 이르되 주인이여 당신의 한 므나로 열 므나를 남겼나이다

이 땅에서의 잠시 동안의 헌신을 통해 장차 하나님 나라에
서 받을 영원한 상급이 결정됩니다.

3) 기쁨

주님이 주신 직분을 감당하는 자에게는 주님의 잔치에 참여
하는 기쁨이 주어집니다. 주님께 충성한 자는 마지막 때 영원한
즐거움의 잔치에 참여하는 복을 받습니다.

이 땅에서 잠시 받는 환란의 눈물이 오히려 하나님 나라에
서 영원한 영광을 거두는 씨앗이 됩니다.

1. 하나님이 우리에게 주신 직분의 유익은 무엇인가요?

2. 직분은 왜 축복의 통로가 되는지 나누어 보세요.

3. 직분을 잘 감당하는 사람에게 어떤 하늘의 상급이 주어
   지는지 나누어 보세요.

II. 직분 감당하는 방법

1. 전체성 (하나님 나라 중심의 신앙)

하나님 나라의 일을 감당하는 사람은 개인 차원의 관점을 넘어 하나님 나라와 교회 전체적인 사역의 방향을 따라야 합니다. 신앙은 개인적인 차원이 아닌 예수 그리스도를 중심으로 하는 영적 공동체적인 삶을 통해 온전해질 수 있습니다. 하나님 나라는 개인이 아니라 다른 지체들과의 공동체를 통해 이루어지기 때문입니다. 그러므로 리더는 개인적인 신앙을 벗어나 하나님 나라 중심의 전체성을 볼 수 있어야 합니다.

1) 하나님 영광

하나님의 일꾼은 개인의 영광이나 유익을 구하지 않고 오직 하나님의 영광만을 위하는 방법으로 섬겨야 합니다. 자신이 하는 일의 동기와 목적 그리고 그 결과가 하나님의 영광이 되는가를 기준으로 해야 합니다.

고린도전서 10:31
그런즉 너희가 먹든지 마시든지 무엇을 하든지 다 하나님의 영광을 위하여 하라 하나님의 일꾼의 모든 사역의 중심에는 하나님 한 분만 있어야 합니다. 자신의 개인적인 욕심과 야망을 십자가에 못 박는 방법으로 할 때만 하나님의 영광이 나타날 수 있습니다. 예수 그리스도의 일꾼은 자신의 인생을 기꺼이 하나님께 드림으로 오직 하나님의 기쁨만을 위해 살아야 합니다.

2) 하나님의 뜻

하나님의 일은 그 목표가 옳아야 할 뿐만 아니라 그 일을 감당하는 방법도 하나님의 뜻대로만 해야 합니다. 하나님은 이 세상의 불의한 방법으로 자기 일을 하는 것을 원하지 않으십니다. 하나님은 세상의 지혜를 어리석게 하십니다. 그러므로 하나님의 일은 세상적인 지혜와 능력으로 할 때 사람의 일이 됩니다.

디모데후서 2:5
경기하는 자가 법대로 경기하지 아니하면 승리자의 관을 얻지 못할 것이며

모든 하나님의 뜻과 방법의 기준은 하나님의 말씀입니다. 나름대로 하나님의 일을 열심히 하였다 할지라도 하나님이 하라는 방법대로 하지 않는 것은 불법을 행하는 것입니다. 그러므로 하나님의 일을 하는 사람은 그 일을 하나님의 말씀에 순종하는 방법으로만 해야 합니다.

마태복음 7:21
나더러 주여 주여 하는 자마다 다 천국에 들어갈 것이 아니요 다만 하늘에 계신 내 아버지의 뜻대로 행하는 자라야 들어가리라
마태복음 7:22
그 날에 많은 사람이 나더러 이르되 주여 주여 우리가 주의 이름으로 선지자 노릇하며 주의 이름으로 귀신을 쫓아 내며 주의 이름으로 많은 권능을 행하지 아니하였나이까 하리니
마태복음 7:23
때에 내가 그들에게 밝히 말하되 내가 너희를 도무지 알지 못하니 불법을 행하는 자들아 내게서 떠나가라 하리라

하나님은 자기 의를 위해 자기 방법으로 하는 많은 일을 인정하지 않으시고, 불법을 행한 자라고 하십니다. 자기 의를 위해 일하고자 하는 자는 하나님 앞에 불법을 행하는 것이 되나, 하나님의 영광을 위하는 사람은 하나님의 뜻을 따라 행합니다.

3) 동역
하나님의 일은 한 개인이 아니라 서로 동역하는 방법으로 해야 합니다. 하나님은 각 사람에게 다른 은사와 특성을 주셨습니다. 하나님은 한 몸에 많은 지체를 주신 것처럼 한 사람에게 모든 것을 다 주시지 않습니다. 서로 다른 지체들과 동역하도록 하기 위해서입니다. 그러므로 하나님의 일은 자기 혼자 계획하고 결정해서 하는 것을 피해야 합니다. 항상 자신의 리더와 다른 동

역자와 함께하는 방법으로 해야 합니다.

고린도전서 12:12
몸은 하나인데 많은 지체가 있고 몸의 지체가 많으나 한 몸임과 같이
그리스도도 그러하니라

우리 몸에서 손이 아무리 좋은 기능을 가지고 있다 할지라
도 그 손 하나만으로는 자기 기능을 온전히 발휘할 수 없습니다.
그 손의 역할을 온전히 하기 위해서는 다른 지체들의 도움을 받
아야만 합니다. 그러므로 하나님의 전체 역사에 거치지 않고 함
께 동역하는 방법으로 해야 합니다.

고린도전서 10:32
유대인에게나 헬라인에게나 하나님의 교회에나 거치는 자가 되지 말고

다른 지체와 함께하지 못하는 사람은 그 몸된 교회에 거치
는 자가 됩니다. 다른 지체와 함께 동역하는 방법은 다른 사람을
나보다 낮게 여기며, 그를 존귀하게 여기는 것입니다. 다른 지체
의 연약함에 대해서는 그를 긍휼히 여김으로 그의 연약함을 용
납하고 사랑하는 마음으로 대해야 합니다.

로마서 15:1
믿음이 강한 우리는 마땅히 믿음이 약한 자의 약점을 담당하고 자기를
기쁘게 하지 아니할 것이라

로마서 15:2
우리 각 사람이 이웃을 기쁘게 하되 선을 이루고 덕을 세우도록 할지
니라

4) 순종

우리 몸의 모든 지체들은 머리의 지시에 따라 움직입니다. 교회는 예수 그리스도를 머리로 하는 예수 그리스도의 몸입니다. 주님은 자신의 몸된 교회에 세우신 리더를 통해 하나님 나라를 이루어가십니다. 교회에 세우신 영적 리더는 예수님의 권위로 세워진 자이기에 그 지도력에 순종하는 것은 주님께 하는 것입니다. 그러므로 교회에 세워진 일꾼들은 교회 전체의 리더십을 중심으로 사역해야 합니다.

여호수아 1:16
그들이 여호수아에게 대답하여 이르되 당신이 우리에게 명령하신 것은 우리가 다 행할 것이요 당신이 우리를 보내시는 곳에는 우리가 가리이다

하나님의 일꾼은 자기 위에 세우신 영적인 리더십에 순종하는 방법으로 일해야 합니다. 그것이 하나님께 순종하는 방법으로 하는 것입니다.

2. 관계성 (인격적인 신앙)

하나님의 일은 서로의 관계성 가운데 이루어집니다. 삼위일체의 하나님도 성부, 성자, 성령간의 관계성 가운데 일하십니다. 하나님의 일을 하면서 관계성이 없이 할 때 그것은 자기 개인의 일이 될 수 있습니다.

먼저 하나님과의 관계성입니다. 이는 하나님의 일을 하기 위해서는 먼저 하나님과 관계성이 되어야 하기 때문입니다. 그래야 하나님의 뜻을 알고, 하나님께서 하라는 방법대로 할 수 있기 때문입니다. 하나님과의 관계성은 보이는 사람인 리더와의 관계성을 통해 나타납니다. 하나님은 질서의 하나님이시기 때문입니다.

1) 하나님과의 관계성

하나님의 일을 하고자 하는 일꾼은 마땅히 그 일의 주인 되신 하나님과의 관계성 가운데 일해야 합니다. 하나님과의 관계성 가운데 일하기 위해서는 먼저 하나님의 뜻에 순종하고자 하는 자세가 있어야 합니다.

(1) 하나님의 뜻

하나님의 일은 자기 생각이나 뜻대로 하지 않고 하나님의 뜻을 알고, 그 뜻대로 해야 합니다. 그것만이 하나님이 원하시는 하나님의 일이기 때문입니다.

요한복음 5:19
그러므로 예수께서 그들에게 이르시되 내가 진실로 진실로 너희에게 이르노니 아들이 아버지께서 하시는 일을 보지 않고는 아무 것도 스스로 할 수 없나니 아버지께서 행하시는 그것을 아들도 그와 같이 행하느니라

예수님은 아버지 하나님과 인격적인 교제의 관계를 가지시고, 그때 그때 하나님이 알려주시는 뜻만 행하셨습니다. 이와 같이 하나님의 뜻을 알기 위해서는 하나님과 친밀한 교제의 관계성이 되어야 합니다.

a. 기도

하나님의 일을 하기 전에 먼저 기도를 통해 하나님의 뜻을 묻고 그 음성을 들어야 합니다. 예수님은 하루를 시작하시기 전에 먼저 기도로 하나님의 뜻을 구하셨습니다. 다윗도 무엇을 할 때마다 자기 생각대로 하지 않고 반드시 하나님께 묻고 응답을 받아서 행했습니다. 하나님의 뜻대로 순종해서 행하는 모든 것은 하나님께서 반드시 그대로 이루어 주십니다.

사무엘하 2:1
그 후에 다윗이 여호와께 여쭈어 아뢰되 내가 유다 한 성읍으로 올라가리이까 여호와께서 이르시되 올라가라 다윗이 아뢰되 어디로 가리이까 이르시되 헤브론으로 갈지니라

다윗이 하는 일마다 형통한 것은 그 일을 하기 전에 먼저 하나님께 물은 후 하나님이 알려주신 대로 행했기 때문입니다.

b. 말씀

하나님은 자기 뜻을 말씀을 통해서 알려주십니다. 그러므로 예배를 통해 선포되는 말씀, 성경 공부, 성경 읽기 및 묵상을 통해 주시는 하나님의 음성으로 하나님의 뜻을 알 수 있습니다.

시편 119:105
주의 말씀은 내 발에 등이요 내 길에 빛이니이다

하나님은 말씀을 통해 자기 뜻을 알려주십니다. 그때 자신에게 주어지는 말씀을 통해 하나님의 뜻을 찾아야 합니다.

c. 상담, 교제

하나님의 뜻을 자신의 힘으로 알 수 없을 때는 신뢰할만한 영적인 리더와의 상담이나 교제를 통해 하나님의 뜻을 인도함 받을 수 있습니다. 이때 하나님의 뜻을 순종하고자 하는 겸손한 자세로 들어야 합니다. 하나님은 자기와 가까이 있는 사람을 통해 말씀하시기 때문입니다.

잠언 12:15
미련한 자는 자기 행위를 바른 줄로 여기나 지혜로운 자는 권고를 듣느니라

영적인 상담과 교제는 영적으로 분별력이 있는 신실한 사람과 해야 합니다. 영적인 사람은 영적으로 신실한 사람을 신뢰하지만, 인간적인 사람은 인간적인 사람을 신뢰하기 때문입니다.

(2) 순종

하나님과의 인격적인 관계성은 하나님을 신뢰함으로 그 뜻에 순종하는 것으로 이루어집니다. 하나님의 뜻을 알고도 순종하지 않으면 하나님과의 신뢰의 관계성이 깨어집니다. 그러므로 하나님과 인격적인 관계성을 가지기 위해서는 자기에게 알려주시는 하나님의 말씀에 순종해야 합니다.

누가복음 5:5
시몬이 대답하여 이르되 선생님 우리들이 밤이 새도록 수고하였으되 잡은 것이 없지마는 말씀에 의지하여 내가 그물을 내리리이다 하고

하나님께 대한 순종은 자신의 권리를 포기하고 하나님께 자신을 맡기는 믿음의 표시입니다. 하나님을 신뢰하는 믿음이 있으면 순종이 됩니다. 하나님은 그 믿음을 통해 일하십니다.

(3) 헌신

하나님과의 좋은 관계성은 하나님을 위해 자신을 드리는 헌신을 통해서 이루어집니다. 우리의 마음이 따라가는 물질, 시간 그리고 자신이 소중히 여기는 것을 하나님께 드리는 헌신을 통해 깊은 인격적인 신뢰의 관계가 이루어집니다.

> 요한복음 12:3
> 마리아는 지극히 비싼 향유 곧 순전한 나드 한 근을 가져다가 예수의 발에 붓고 자기 머리털로 그의 발을 닦으니 향유 냄새가 집에 가득하더라

자신의 가장 값진 것을 주님께 드리는 것은 자기 인생의 최고의 자리에 주님을 모시는 표시입니다.

2) 리더와의 관계성

보이지 않는 하나님과의 관계성은 보이는 사람과의 관계성을 통해 나타납니다. 하나님과의 친밀한 인격적인 관계성은 하나님이 세우신 리더와의 좋은 관계성을 가지게 합니다.

교회 공동체 안에서 행하는 하나님의 일은 그 교회에 세워진 영적 리더와의 영적 질서 가운데서 이루어져야 합니다. 교회 공동체의 일은 각 개인에 속한 것이 아니라 하나님이 교회에 세우신 영적 리더에게 맡기신 일이기 때문입니다. 그러므로 하나님의 일꾼은 영적 리더와 같은 비전, 같은 뜻, 같은 마음과 생각으

로 함께 할 수 있어야 합니다.

모세와 여호수아, 사무엘과 다윗, 엘리야와 엘리사, 예수님과 열두 제자, 바울과 디모데 등의 영적 리더와 제자의 관계는 하나님의 역사를 온전히 이루는 좋은 모델입니다.

빌립보서 2:21
그들이 다 자기 일을 구하고 그리스도 예수의 일을 구하지 아니하되
빌립보서 2:22
디모데의 연단을 너희가 아나니 자식이 아버지에게 함같이 나와 함께 복음을 위하여 수고하였느니라

바울과 디모데의 관계는 자기 유익을 구하는 스승과 제자의 관계가 아니라 아비와 아들의 인격적인 관계였습니다.

(1) 신뢰와 존중

영적 리더는 하나님이 세우신 사람이기에 하나님을 신뢰함으로 하나님이 세우신 리더에 대해 신뢰와 존중의 자세를 가져야 합니다. 그래야 하나님이 그 리더를 통해서 주시는 하나님의 좋은 것들을 막힘없이 받을 수 있습니다. 보이지 않는 하나님께 대한 신뢰와 존중의 자세는 하나님이 세우신 보이는 영적 리더를 통해서 표현됩니다.

디모데전서 5:17
잘 다스리는 장로들은 배나 존경할 자로 알되 말씀과 가르침에 수고하는 이들에게는 더욱 그리할 것이니라

자기에게 세우신 영적 리더를 신뢰하지 못할 때 그로 인해 하나님과의 관계가 막히게 됩니다. 그 사람을 신뢰하기 전에 그를 세우신 하나님을 신뢰해야 합니다.

(2) 순종

하나님은 하나님 자신이 세우신 사람을 통해서 일하십니다. 그러므로 자기 위에 세우신 리더에게 순종함으로 하나님과 인격적인 관계를 가질 수 있습니다. 하나님이 세우신 권위에 순종하는 것은 그 권위를 주신 하나님께 순종하는 것입니다. 또한 하나님이 세우신 리더에게 순종치 않는 것은 하나님에 대한 태도이므로 자신에게 유익이 없습니다.

히브리서 13:17
너희를 인도하는 자들에게 순종하고 복종하라 그들은 너희 영혼을 위하여 경성하기를 자신들이 청산할 자인 것 같이 하느니라 그들로 하여금 즐거움으로 이것을 하게 하고 근심으로 하게 하지 말라 그렇지 않으면 너희에게 유익이 없느니라

영적 리더와 한 영이 될 때 그 리더의 사역에 기쁨이 되며 자신의 영혼에도 유익합니다. 그러나 리더와 하나가 되지 못할

때 리더의 근심이 되어 자기 영혼에 유익이 없습니다.

(3) 중보

영적 리더와의 관계성은 그를 위해 기도로 섬기는 것을 통해 이루어집니다. 세우신 영적 리더와 그 사역을 위해 중보하며 기도하는 것이 곧 하나님의 나라를 위해 일하는 것입니다.

에베소서 6:19
또 나를 위하여 구할 것은 내게 말씀을 주사 나로 입을 열어 복음의 비밀을 담대히 알리게 하옵소서 할 것이니

리더를 위한 중보 기도는 그 리더와 한 영이 되게 합니다.

(4) 좋은 것으로 함께함

하나님이 자기에게 세우신 리더에게 대하는 것은 하나님께 대한 마음 자세입니다. 그러므로 하나님의 말씀으로 자신을 양육하는 리더에게 모든 좋은 것으로 함께할 때 자기 영혼에 유익합니다.

갈라디아서 6:6
가르침을 받는 자는 말씀을 가르치는 자와 모든 좋은 것을 함께 하라

리더와 관계가 나쁜 사람은 늘 나쁜 것으로만 함께합니다. 불평할 것, 비난과 대적하는 것으로만 함께하고, 좋은 것은 다른 사람과 함께합니다. 그래서 리더와의 관계가 어렵게 되므로 자기 영혼에 유익이 없습니다.

그러나 좋은 일꾼은 자기 리더와 좋은 것으로 함께 합니다. 리더를 사랑과 존경, 칭찬과 격려 등 좋은 마음과 좋은 것으로 함께 합니다. 리더와 좋은 것으로 함께 함으로 좋은 관계성으로 자기 영혼에 유익을 줍니다.

3. 절대성 (순종적인 신앙)

영적인 세계에는 중간 지대가 없고 "예" 아니면 "아니오" 뿐입니다. 하나님의 일에 대해서 일꾼이 취할 바른 자세는 절대성을 가지고 순종하는 것입니다. 신앙에 절대성이 없으면 모든 것을 상황에 따라 타협하게 됩니다. 특별히 하나님의 일을 통해 영적 싸움을 하는 일꾼들은 하나님의 일에 변명, 구실, 이유를 들어 상황과 이론에 타협하지 않고 절대성을 지키는 자세를 가져야 어려운 방해를 이길 수 있습니다.

하나님의 말씀에 대해서는 어떤 형편, 이유를 막론하고 무조건 순종하는 것에 절대성을 두어야 어려운 시험을 이길 수 있습니다. 순종은 자신이 이해되는 것에 동의하는 것이 아니라, 하나님을 신뢰함으로 순종 그 자체에 복종하는 것입니다.

창세기 22:2
여호와께서 이르시되 네 아들 네 사랑하는 독자 이삭을 데리고 모리아 땅으로 가서 내가 네게 일러 준 한 산 거기서 그를 번제로 드리라
창세기 22:3
아브라함이 아침에 일찍이 일어나 나귀에 안장을 지우고 두 종과 그의 아들 이삭을 데리고 번제에 쓸 나무를 쪼개어 가지고 떠나 하나님이 자기에게 일러 주신 곳으로 가더니

하나님의 명령에는 그 어떤 이유와 변명이 있을 수 없습니다. 절대적인 순종만 요구될 뿐입니다. 그래야 하나님의 뜻을 이룰 수 있기 때문입니다. 가장 높은 절대성은 하나님과의 인격적인 관계성 가운데 사랑 안에서 하는 순종입니다. 하나님을 사랑하는 것이 최고의 절대성을 가지게 하는 최고의 능력이기 때문입니다.

하나님을 사랑하는 것과 하나님과 인격적인 관계성이 없이 하는 절대성은 독선과 독재가 될 수 있어 위험합니다. 모든 일을 하나님의 사랑 안에서 해야 합니다.

4. 책임성 (충성심)

그리스도인은 하나님의 자녀 된 자로 하나님 나라의 주인입니다. 그러므로 하나님의 일을 할 때 머슴이나 손님처럼 수동적으로 하지 않고, 하나님의 자녀처럼 주인의식을 가지고 능동적으로 섬겨야 합니다.

하나님의 교회 안에 삯꾼으로 있는 사람은 자기에게 유익되는 삯을 위해 최소한의 일만 하려고 합니다. 정해진 시간, 정해진 일 외에 충성하는 것을 부담스럽게 여깁니다. 하나님이 원하시는 일이라도 자기에게 유익이 되지 않는 것은 하지 않으려 합니다.

이런 사람은 하나님의 교회를 호텔 손님처럼 다니는 사람입니다. 자신을 위해 그 교회에 있는 것을 최대한 누리고, 얻을 것만 찾습니다. 호텔을 이용하듯 할 수 있는 대로 전기, 에어컨, 난방, 물, 휴지 등을 풍족하게 마음껏 쓰고 누리려고 할 것입니다. 그런 사람은 이곳 저곳으로 그런 것을 더 누릴 곳을 찾아다니는 신앙을 합니다.

그러나 하나님의 교회의 주인은 하나님의 집에 유익과 섬길 것을 찾아 헌신하려고 합니다. 그래서 물 한 방울, 전등 하나, 종이 한 장도 더 절약하고 아끼려 합니다.

고린도전서 4:2
그리고 맡은 자들에게 구할 것은 충성이니라

삯꾼은 자기에게 유익이 되는 일만 하려고 하지만, 아들은 아버지 집에 유익한 것을 위해 섬기려 합니다. 하나님의 청지기 된 일꾼은 하나님의 집에 주인과 아들로서 섬기는 일꾼이 되어야 합니다.

누가복음 16:10
지극히 작은 것에 충성된 자는 큰 것에도 충성되고 지극히 작은 것에 불의한 자는 큰 것에도 불의하니라

하나님은 우리가 맡은 작은 일을 통해 우리의 중심을 보십니다. 오직 하나님의 영광만을 위한 사람은 하나님이 맡기신 작은 일에 충성합니다. 작은 일에 충성하지 못하는 것은 자기 영광을 위해 일하려 하기 때문입니다. 그래서 하나님은 작은 일을 통해 우리의 중심을 보십니다.

1. 직분을 감당할 때 전체성을 갖는 것이 왜 중요한가요?
   전체성을 갖기 위한 방법은 무엇인가요?

2. 직분을 감당할 때 관계성을 갖는 것이 왜 중요한가요?
   인격적 관계성을 갖기 위한 방법은 무엇인가요?

3. 직분을 감당할 때 절대성을 갖는 것이 왜 중요한가요?
   순종적 신앙을 하기 위한 방법은 무엇인가요?

4. 직분을 감당할 때 책임감을 갖는 것이 왜 중요한가요?
   충성된 신앙을 하기 위한 방법은 무엇인가요?

*Do your best to present yourself to God as one approved, a workman who does not need to be ashamed and who correctly handles the word of truth. - **2 Timothy 2:15** -*

Part 03

리더의 자기 관리

"너는 진리의 말씀을 옳게 분별하며 부끄러울 것이 없는 일꾼으로 인정된 자로 자신을 하나님 앞에 드리기를 힘쓰라" (디모데후서 2:15).

I. 영성 관리

주님의 일을 맡은 일꾼은 다른 사람을 돕고 섬기는 일을 하기 전에 먼저 자신의 영적인 성장에 힘써야 합니다. 리더는 다른 사람을 돌아보기 전에 먼저 자신의 영적 상황을 돌아보아 하나님 앞에 부끄러움이 없는 일꾼이 되어야 합니다.

1. 기도

예수님은 매일 새벽마다 하나님께 나아가 기도함으로 하루 일과를 시작하셨습니다. 그 날 하루의 삶을 하나님으로부터 인도받기 위해서입니다(요한복음 5:19). 리더들은 하나님 앞에 먼저 기도로 하루를 시작하는 삶을 살아야 합니다. 기도를 통해 하나님과 깊은 교제 시간을 가지는 것이 필요합니다. 기도 없이는 하나님의 뜻을 거스르는 자기 생각을 따라 살게 되기 때문입니다.

사역을 하는 사역자들은 하루 3시간 이상, 동역자들은 하루 2시간 이상, 성도들은 하루 1시간 이상 개인적인 기도를 할 것을 권면합니다. 그래서 다른 모든 일보다 우선하여 기도하는 것을 쉬는 죄를 범치 않아야 합니다.

1) 첫 시간을 드림

하나님이 주신 하루의 첫 시간을 하나님께 드림으로써 하나님과의 영적 교제로 하루를 시작합니다. 하루 중에 가장 소중한 첫 시간을 하나님 앞에 드리는 값 지불을 통해 하나님의 뜻을 행하는 삶을 살 수 있습니다. 하루 종일 분주하게 많은 일을 하는 것보다 먼저 하나님 앞에 자기 마음 중심을 드리는 것이 중요합니다.

> 마가복음 1:35
> 새벽 아직도 밝기 전에 예수께서 일어나 나가 한적한 곳으로 가사 거기서 기도하시더니

예수님은 매일 새벽 첫 시간을 하나님 아버지와 교제하심으로 그 날 하실 일을 인도함 받아 그대로 순종하는 삶을 사셨습니다. 하나님의 일을 하고자 하는 사람은 자기 임의대로 하지 않고, 기도로 하나님의 뜻을 구하여 받은 대로만 순종해야 합니다. 하루 중 기도를 위해 방해받지 않는 가장 좋은 시간을 확보해 두어야 합니다.

2) 깊은 기도

하나님과 친밀한 관계를 가지기 위해서는 시간을 충분히 가지고 기도해야 합니다. 하나님과의 영적인 회복이 필요한 경우는

특별한 시간을 내어서 성령의 인도하심을 받는 깊은 기도 시간을 가지는 것이 필요합니다. 예수님도 밤새 철야로 깊은 기도를 하셨습니다.

누가복음 6:12
이 때에 예수께서 기도하시러 산으로 가사 밤이 새도록 하나님께 기도하시고

하나님 앞에 나아가는 깊은 기도가 깊은 영성을 가지게 합니다. 기도에 방해받지 않는 시간과 장소에서 하나님만 구하는 간절한 기도로 깊은 영성을 가져야 합니다.

3) 특별 기도

시급하고 중대한 문제를 만날 때는 마음을 토하는 특별 기도를 드립니다. 형식적이고 의무적인 기도를 벗어나 깊은 속마음을 토하는 기도가 필요합니다. 그것은 하나님 앞에 자신의 간절한 심정을 보이는 것입니다. 금식 기도, 작정 기도, 합심 기도, 릴레이 기도 등을 통해 자식이 없어 고통하던 한나와 같이 하나님께 자기 심정을 토하는 기도를 하는 것입니다. 공동체 안에서 일어나는 특별한 상황은 특별 기도를 하게 하는 기회입니다.

사무엘상 1:10
한나가 마음이 괴로워서 여호와께 기도하고 통곡하며

하나님 앞에 특별한 일을 위해서는 하나님께 특별한 마음을 드리는 기도가 필요합니다. 중요한 일일수록 생각을 많이 하기보다 모든 생각을 내려놓고 전적으로 하나님의 뜻을 구하는 기도가 필요합니다.

4) 영적 싸움의 기도

리더는 악한 사단의 공격으로부터 교회와 성도를 보호하는 영적 전투적인 중보 기도를 해야 합니다. 사도 바울은 구브로 총독 서기오 바울의 전도를 막는 박수 무당과의 영적 전투의 기도를 통해 그를 복음으로 구원하였습니다.

> 사도행전 13:10
> 이르되 모든 거짓과 악행이 가득한 자요 마귀의 자식이요 모든 의의 원수여 주의 바른 길을 굽게 하기를 그치지 아니하겠느냐
> 사도행전 13:11
> 보라 이제 주의 손이 네 위에 있으니 네가 맹인이 되어 얼마 동안 해를 보지 못하리라 하니 즉시 안개와 어둠이 그를 덮어 인도할 사람을 두루 구하는지라

하나님의 영적 전투적인 일은 사람의 힘이 아니라 오직 기도를 통한 성령의 능력으로만 할 수 있습니다. 기도하지 않고도 종교적인 일은 할 수 있으나 마귀와의 영적 전투적인 일은 할 수 없습니다.

마가복음 9:29
이르시되 기도 외에 다른 것으로는 이런 종류가 나갈 수 없느니라 하시니라

리더는 이런 기도의 영적 권세가 있어야 맡겨진 공동체를 보호하고 지킬 수 있습니다.

2. 말씀

하나님의 말씀은 우리 영혼의 생명을 유지하는 영적인 양식입니다. 리더는 다른 사람에게 말씀을 가르치기 전에 자신이 먼저 말씀을 받는 삶을 살아야 합니다.

베드로전서 2:2
갓난 아기들 같이 순전하고 신령한 젖을 사모하라 이는 그로 말미암아 너희로 구원에 이르도록 자라게 하려 함이라

1) 말씀 묵상

영적 싸움을 해야 하는 리더들은 성령의 검인 성경 말씀을 묵상하고 적용하는 일에 힘써야 합니다. 무시로 성경을 많이 묵상함으로 말씀에 정통하여 사단의 미혹을 분별하여 영혼들을 진리로 인도해야 합니다.

시편 1:1
복 있는 사람은 악인들의 꾀를 따르지 아니하며 죄인들의 길에 서지 아
니하며 오만한 자들의 자리에 앉지 아니하고
시편 1:2
오직 여호와의 율법을 즐거워하여 그의 율법을 주야로 묵상하는도다

리더들이 일에만 쫓기게 되면 하나님의 말씀을 읽는 것에 소
홀하기 쉽습니다. 그러면 사단의 공격으로 영적 침체에 빠지게
됩니다. 이런 위험을 방지하기 위해 항상 말씀을 묵상함으로 하
나님의 은혜 가운데 거해야 합니다.

2) 영의 말씀

하나님의 영적인 말씀을 지식적인 사람의 말로 들으면 자기
영혼에 영적 생명을 받을 수 없습니다. 영적인 일을 섬기는 리더
는 하나님의 말씀을 영이요 생명으로 들음으로 영적 생명력을
받아야 합니다.

요한복음 6:63
살리는 것은 영이니 육은 무익하니라 내가 너희에게 이른 말은 영이요
생명이라

자기 안에 영적 생명을 주는 말씀이 있어야 다른 사람에게
그 생명을 전해줄 수 있습니다. 말씀을 영으로 받기 위해서는 육

신의 일을 죽여야 합니다. 육신의 소욕은 영적인 것을 가로막기 때문입니다(갈라디어서 5:16-17).

3) 말씀 순종

자신에게 선포되는 하나님의 말씀을 자신의 삶에 적용하여 순종하는 삶을 살기에 힘써야 합니다. 적용되지 않는 지식적인 말씀은 자신을 변화시키지 못하는 이론이 될 뿐입니다. 지식으로 받은 말씀은 자신을 교만하게 하여 남을 판단하고, 영혼을 무너뜨리고 죽이는 역할을 합니다.

마태복음 7:24
그러므로 누구든지 나의 이 말을 듣고 행하는 자는 그 집을 반석 위에 지은 지혜로운 사람 같으리니

하나님의 말씀의 능력은 들은 말씀을 행할 때 나타납니다. 행함이 없는 믿음은 죽은 것입니다.

3. 전도

하나님의 사랑을 받은 사람은 하나님이 사랑하시는 영혼을

전도할 소원을 갖습니다. 하나님의 뜻을 따라 전도하는 삶을 살 때 그것이 자기 영혼을 강건하게 하는 양식이 됩니다. 다른 일을 많이 해도 영혼을 돕는 일을 하지 않으면 자기 영혼이 침체됩니다. 많은 일에 분주하거나 영적으로 무기력할수록 영혼을 전도하는 일을 통해 자기 영혼이 고갈되지 않고 충만할 수 있습니다.

> 요한복음 4:34
> 예수께서 이르시되 나의 양식은 나를 보내신 이의 뜻을 행하며 그의 일을 온전히 이루는 이것이니라

교회 안의 많은 일을 해도 영혼을 전도하는 삶을 살지 않으면 영적으로 침체됩니다. 그러므로 기본적으로 영혼을 전도하는 일을 하면서 다른 일을 해야 자기 영혼이 고갈되지 않습니다.

4. 봉사

그리스도인들이 직분을 맡는 것은 하나님의 교회를 섬기며 봉사하기 위함입니다. 하나님은 그 일을 하기 위해 모든 사람에게 각자의 분량대로 은사를 주셨습니다. 하나님 앞에 예배를 드리며, 성경을 공부하고, 기도에 힘쓰며, 신앙 훈련을 받는 목적은 하나님 나라를 섬기며 봉사하기 위한 것입니다.

에베소서 4:11
그가 어떤 사람은 사도로, 어떤 사람은 선지자로, 어떤 사람은 복음 전하는 자로, 어떤 사람은 목사와 교사로 삼으셨으니
에베소서 4:12
이는 성도를 온전하게 하여 봉사의 일을 하게 하며 그리스도의 몸을 세우려 하심이라

우리는 예수 그리스도를 믿음으로 영원한 생명을 얻어 구원받습니다. 그 이후의 삶은 하나님 나라를 위한 삶을 사는 것입니다. 이를 통해 각자의 상급을 예비하기 때문입니다. 하나님 나라에서 받을 상급은 각자 이 땅에서 하나님을 위해 봉사하는 분량대로 받습니다. 하나님 앞에 봉사한 것이 없으면 하나님 나라에서 받을 상이 없는 부끄러운 구원을 받게 됩니다.

1. 주님의 일을 맡은 리더에게 영성관리가 왜 중요한가요? 영성관리를 위한 나의 기도 생활은 어떤지 나누어 보세요.

2. 영성관리에서 하나님의 말씀은 어떤 역할을 하나요? 영성관리를 위한 나의 말씀 생활은 어떤지 나누어 보세요.

3. 영성관리에서 전도는 왜 중요한가요? 영성관리를 위한 나의 전도 생활은 어떤지 나누어 보세요.

4. 영성관리에서 하나님 나라를 섬기는 봉사는 왜 중요한가요? 나는 어떻게 하나님 나라를 섬기고 있는지 나누어 보세요.

II. 리더십 관리

리더는 스스로 자기 영적 관리를 통해 자신의 리더십을 개발해야 합니다. 리더 자신이 성숙할수록 다른 사람들에게 더 선한 영향력을 행할 수 있습니다. 리더는 자기 관리가 되는 만큼 성숙할 수 있습니다.

1. 겸손한 자세

예수 그리스도의 영적 리더십은 겸손한 인격에서 나옵니다.

1) 배우고자 함

리더는 자기 자신이 겸손하게 배우고자 하는 마음으로 할 때 선한 영향력을 나타낼 수 있습니다. 리더는 주어진 직분을 통해 자기 자신이 하나님 앞에 훈련받는다는 겸손한 자세를 가져야 합니다. 하나님 앞에 온전한 사람이 되기 위해서는 자신이 먼저 훈련받으며 배우고자 해야 합니다. 남을 가르치는 것만 하기 좋아하면서 자신은 훈련받지 않는 사람은 스스로 퇴보하여 무너집니다. 지속적으로 자신이 성장하는 만큼 리더십의 영향력이 확장됩니다.

고린도전서 9:27
내가 내 몸을 쳐 복종하게 함은 내가 남에게 전파한 후에 자신이 도리어 버림을 당할까 두려워함이로다

겸손한 자는 다른 사람으로부터 배울 것을 찾고자 하지만, 교만한 자는 다른 사람을 가르칠 것만 찾습니다. 그래서 겸손한 자는 점점 영향력이 확장되지만, 교만한 자는 점점 영향력이 쇠퇴합니다.

2) 이해하려 함

하나님의 마음은 연약한 자를 이해하고, 긍휼히 여기며, 있는 모습 그대로 사랑으로 받아주는 마음입니다. 남을 판단하고 정죄하는 마음은 하나님으로부터 나온 것이 아닙니다. 리더는 연약한 자의 약한 점을 판단하기보다 그럴 수밖에 없는 그 모습을 이해하려고 해야 합니다. 다른 사람의 약점을 감당할 수 있는 만큼 자신의 리더십이 성숙하게 됩니다. 리더는 연약한 사람의 약점을 섬기기 위해 세워진 직분입니다.

로마서 15:1
믿음이 강한 우리는 마땅히 믿음이 약한 자의 약점을 담당하고 자기를 기쁘게 하지 아니할 것이라
로마서 15:2
우리 각 사람이 이웃을 기쁘게 하되 선을 이루고 덕을 세우도록 할지니라

모든 사람이 어떤 행동을 하는 데는 그만한 이유가 있습니다. 리더는 행동을 판단하기보다 그 이유를 알아보고자 하고, 이해하려는 마음을 가질 때 그 사람을 섬길 수 있습니다.

3) 주장하지 않음

리더는 다른 사람을 나보다 낮게 여기며, 주장하는 자세로 대하지 않아야 합니다. 리더가 모든 부분에 다 잘하는 것이 아니기 때문입니다. 리더는 자기 자신을 주장하지 않고 다른 사람의 말을 잘 듣는 자가 되어야 합니다. 리더는 다른 사람보다 많이 아는 자가 아니라 다른 사람의 말을 듣고 이해하고 포용할 수 있는 사람입니다.

> 고린도전서 8:2
> 만일 누구든지 무엇을 아는 줄로 생각하면 아직도 마땅히 알 것을 알지 못하는 것이요
> 고린도전서 10:12
> 그런즉 선 줄로 생각하는 자는 넘어질까 조심하라

리더는 다른 사람에 대해 자기를 주장하는 자세보다 겸손하게 섬기는 자세를 가져야 합니다.

4) 하나님께만 영광 돌림

하나님의 일꾼은 오직 자신을 부르신 하나님만을 위해 일해야 합니다. 자기를 드러내며 인정받고자 하는 인간적인 사욕을 부인하고 하나님의 영광만을 위해 일해야 합니다.

고린도전서 10:31
그런즉 너희가 먹든지 마시든지 무엇을 하든지 다 하나님의 영광을 위하여 하라

리더가 하나님께 영광 돌리는 마음보다 자기 영광을 구하는 욕심으로 할 때 교회와 성도들에게 거침돌이 됩니다.

2. 무익한 종의 자세

하나님의 일은 사람 앞에서 하지 않고 오직 하나님 앞에서만 해야 합니다. 하나님께 충성한 것은 하나님께만 칭찬과 상급을 바라야 합니다. 사람의 인정과 보상을 바라고 행하면 그것으로 시험에 들 수 있습니다. 사람 앞에 인정받고 칭찬받는 것은 이 세상에서 자기 상을 받아버리는 것입니다. 그러면 그 일로 인해서는 하나님 앞에서 받을 상이 없습니다.

마태복음 6:1
사람에게 보이려고 그들 앞에서 너희 의를 행하지 않도록 주의하라 그리하지 아니하면 하늘에 계신 너희 아버지께 상을 받지 못하느니라

일꾼은 하나님이 받으셔야 할 영광을 자신이 취하지 않도록 주의해야 합니다. 일꾼은 이미 하나님으로부터 갚을 수 없는 영원한 생명을 받은 것에 감사함으로 하나님을 섬겨야 합니다.

누가복음 17:10
이와 같이 너희도 명령 받은 것을 다 행한 후에 이르기를 우리는 무익한 종이라 우리가 하여야 할 일을 한 것뿐이라 할지니라

리더는 하나님 앞에 마땅히 할 일을 했을 뿐이라는 무익한 종의 자세를 가지고, 사람으로부터 보상을 받으려는 마음을 버려야 합니다.

3. 자원하는 자세

하나님의 일을 할 때 부득이한 마음으로 인색하게 하거나 억지로 하지 않아야 합니다. 마치 하나님을 위해 선심을 쓰듯이 자신이 무엇을 해주는 자세로 하지 않아야 합니다. 우리가 가지고

있는 모든 것은 다 하나님의 은혜로 받은 것이기 때문입니다.

하나님을 섬길 때 삯꾼처럼 더러운 이(利)를 위해 하지 말고, 하나님의 은혜에 감사하는 마음과 주님을 사랑하는 순수한 마음으로 자신을 드려야 합니다. 이미 받은 하나님의 사랑과 은혜를 기억하며 하나님의 일을 기꺼이 자원하는 마음으로 해야 합니다.

베드로전서 5:2
너희 중에 있는 하나님의 양 무리를 치되 억지로 하지 말고 하나님의 뜻을 따라 자원함으로 하며 더러운 이득을 위하여 하지 말고 기꺼이 하며

리더는 하나님과 사람을 위해 자신이 무엇을 해주는 자세가 아니라 받은 은혜를 갚고자 하는 자원하는 마음으로 섬겨야 합니다.

4. 청결한 마음 자세

하나님의 일꾼은 하나님의 일을 하려는 동기와 목적이 순수해야 합니다. 주님의 일을 통해 자신의 욕심이나 개인적인 사욕을 채우려는 마음이 없어야 합니다.

주님을 섬기는 사람은 은밀하게 보시는 하나님 앞에 자기 양

심에 걸리는 것이 없어야 합니다. 마음속에 은밀하게 숨긴 죄나 다른 사람을 용서하지 못하여 묶인 것이 없어야 합니다.

> 디모데전서 1:5
> 이 교훈의 목적은 청결한 마음과 선한 양심과 거짓이 없는 믿음에서 나오는 사랑이거늘

자신을 위해 하나님의 일을 하고자 하는 탐욕을 버려야 합니다. 자기 영광과 이익을 위해 하나님의 직분을 갖고자 할 때 그것으로 자기 영혼이 넘어집니다.

5. 본이 되는 자세

좋은 영적 리더는 양 무리를 주장하는 자세로 돕지 않고 섬김과 헌신의 본을 보임으로 인도합니다. 선한 목자이신 예수님은 양 떼들을 앞서 가면서 자신이 가는 길을 보고 따라오게 인도하십니다. 좋은 리더는 말로 가르치거나 억지로 강요하는 것이 아니라, 먼저 섬기는 본을 보임으로 양 떼로 하여금 자발적으로 따르게 인도합니다. 리더는 자기가 하지 못할 일을 남에게 강요하지 않아야 합니다.

요한복음 10:4
자기 양을 다 내놓은 후에 앞서 가면 양들이 그의 음성을 아는 고로 따라오되

리더는 자신이 가르치는 그것을 먼저 자기가 행해야 할 책임이 있습니다. 하나님은 알고도 행치 않는 자에게는 더 많은 것을 요구하시기 때문입니다.

베드로전서 5:3
맡은 자들에게 주장하는 자세를 하지 말고 양 무리의 본이 되라

6. 십자가를 지는 자세

하나님의 충성된 동역자는 주님의 일로 인해 주어지는 고난을 피하지 않고 감당하는 자세로 합니다. 주님의 일은 십자가를 피하는 편리 위주보다 자기 십자가를 지는 고난의 방법으로 해야 합니다.

자기 영광을 위해 일하는 사람은 육신을 따라 십자가를 피하는 방법으로 합니다. 오직 주님의 영광만을 위해 일하는 사람은 기꺼이 자기 육신을 죽이면서까지 십자가의 고난을 감당하는 방법으로 합니다. 주님의 충성된 군사는 자기 사생활이 어렵다고

자기 문제에 매이지 않습니다.

디모데후서 2:3
너는 그리스도 예수의 좋은 병사로 나와 함께 고난을 받으라

고난을 피하고자 하면 육신이 원하는 일을 하게 됩니다. 주님을 따르는 길은 좁은 길이기 때문에 자기 육신을 죽이고 십자가를 지는 방법으로만 할 수 있습니다.

7. 믿음의 자세

영적 사역에는 마귀와의 영적 싸움에서 오는 위험이 따르므로 강하고 담대한 믿음이 요구됩니다. 주님의 일을 하고자 할 때 주어지는 일을 인간적인 관점에서 보지 않고 하나님을 믿는 믿음의 눈으로 볼 수 있어야 합니다. 리더는 자기 속에 두려움으로 인해 낙심하는 불신앙과 싸워 이겨야 합니다. 영적인 일에는 하나님께 대한 담대한 믿음이 있는 사람이 리더가 될 수 있습니다.

여호수아 1:7
오직 강하고 극히 담대하여 나의 종 모세가 네게 명령한 그 율법을 다 지켜 행하고 우로나 좌로나 치우치지 말라 그리하면 어디로 가든지 형통하리니

자신을 의지하는 사람은 두려워하지만, 하나님을 의지하는 자는 담대할 수 있습니다. 하나님의 일은 하나님을 의지하는 믿음으로만 할 수 있습니다.

1. 영성관리에서 리더십을 관리하는 것이 왜 중요한가요? 좋은 리더가 되기 위해서 나는 어떤 훈련을 받고 있는지 나누어 보세요.

2. 리더십 관리에서 취해야 할 성경적인 7가지 자세는 무엇인가요? 내가 훈련 받아야 할 자세는 무엇인지 나누어 보세요.

III. 인간관계 관리

다른 사람을 주님께로 인도하고, 영혼을 섬기며 양육하는 리더는 먼저 사람과의 관계에 걸림이 없어야 합니다. 특별히 가장 가까운 관계인 가정생활, 교회생활 그리고 사회생활에서 일어나는 인간관계에 본이 되어야 합니다.

하나님 앞에 묶임이 없기 위해서는 먼저 가까운 사람과 묶인 것이 없어야 합니다. 마귀는 인간적으로 가장 가까운 사람을 통해서 우리를 어렵게 하는 일을 하기 때문입니다.

1. 가정생활

하나님의 일을 하고자 하는 사람은 먼저 가까운 가족과 영적으로 건강한 관계를 유지해야 합니다. 인간적으로 가까운 가족일수록 영적인 관계성보다 인간적인 관계성이 더 강하게 맺어져 있기 때문입니다. 그러므로 인간적으로 가까울수록 영적으로 깨어 있어야 방해를 이길 수 있습니다.

1) 부부관계 (베드로전서 3:1-7)

하나님의 일꾼은 먼저 부부 간에 친밀한 사랑과 동역의 관계가 이루어져야 합니다. 부부 간에 영적으로 묶이면 모든 것에 묶이게 됩니다. 인간적으로 가장 가까운 부부 사이에 영적인 방해가 많습니다. 부부가 인간적으로는 서로 잘 통할지라도 영적인 것에 교통이 되지 않으면 하나님을 위해 살고자 할 때 방해를 받게 됩니다.

골로새서 3:18
아내들아 남편에게 복종하라 이는 주 안에서 마땅하니라
골로새서 3:19
남편들아 아내를 사랑하며 괴롭게 하지 말라

하나님의 일을 맡은 일꾼은 하나님 앞에서 부부가 한 영으로 깊은 영적인 교제가 이루어지는 동역의 관계가 되어야 합니다. 먼저 하나님이 주신 비전과 사명에 부부가 같은 마음과 같은 뜻이 되어야 합니다.

2) 가족관계 (에베소서 6:1-4)

하나님 앞에 부모, 형제, 자녀 등 가까운 가족 간에 걸리는 것이 없어야 합니다. 주 안에서 자기 부모를 공경하며, 형제를 사랑하기에 힘쓰며, 자녀를 주님의 말씀으로 양육하기에 힘써야 합니다. 이를 위해서는 무엇보다 아직 믿지 않는 가족의 구원을 위해 기도와 전도하기를 힘써야 합니다.

사도행전 16:31
 이르되 주 예수를 믿으라 그리하면 너와 네 집이 구원을 받으리라 하고

　하나님의 일꾼은 자기 가족들이 영적인 일에 동역자들이 되도록 기도해야 합니다.

2. 교회생활

　하나님의 일꾼은 교회 안에서 인간관계가 온전해야 합니다. 교회를 섬기는 일꾼은 다양한 부문의 모든 계층의 사람을 섬기는 직분입니다. 그러므로 교회 안의 모든 사람들과 존중과 사랑의 관계를 가질 수 있어야 합니다.

1) 리더와의 관계
　영적인 일을 하는 일꾼은 먼저 자기 위에 세우신 영적 리더와 온전한 관계성을 가져야 합니다. 영적 리더와는 신뢰와 존경으로 순종하는 관계를 유지해야 하나님과의 관계가 막히지 않습니다. 영적 리더의 사역에 기쁨이 되고 근심이 되지 않아야 합니다. 나름대로 열심히 한다 해도 그것이 영적 리더의 근심이 된다면 자신에게 유익이 없습니다.

히브리서 13:17
너희를 인도하는 자들에게 순종하고 복종하라 그들은 너희 영혼을 위
하여 경성하기를 자신들이 청산할 자인 것 같이 하느니라 그들로 하여
금 즐거움으로 이것을 하게 하고 근심으로 하게 하지 말라 그렇지 않으
면 너희에게 유익이 없느니라

자기 위에 세우신 리더는 하나님께서 세우신 뜻이 있기에 순
종과 복종으로 그의 기쁨이 되는 동역자가 되어야 합니다. 그것
이 하나님 앞에 자신의 영혼에 유익합니다.

2) 동역자와의 관계 (빌립보서 2:1-4)

하나님은 하나님의 일을 리더 한 사람이 모든 것을 하게 하
시지 않고, 다른 지체와 함께 동역하는 방법으로 하게 하십니다.
그런 방법을 통해서 우리의 부족한 인격이 온전하게 되기 때문입
니다.

그러므로 혼자서는 일을 잘 할 수 있는 능력이 있다 해도 다
른 지체들과 더불어 동역해서 하지 못하는 사람은 하나님의 일을
하는 데 부적합한 사람입니다. 각 지체는 그리스도의 몸 안에서
다른 지체를 사랑하고 존중하는 마음으로 함께 협력할 수 있어
야 합니다.

개인의 은사가 아무리 뛰어나도 다른 사람과 동역해서 일할
수 없다면 공동체 안에서는 그 은사가 무용지물이 됩니다. 이는

마치 오케스트라 악단에 실력이 뛰어난 연주자가 다른 사람과 전체의 하모니를 맞추지 못할 때 함께 연주하기 어려운 것과 같습니다.

> 고린도전서 12:25
> 몸 가운데서 분쟁이 없고 오직 여러 지체가 서로 같이 돌보게 하셨느니라
> 고린도전서 12:26
> 만일 한 지체가 고통을 받으면 모든 지체가 함께 고통을 받고 한 지체가 영광을 얻으면 모든 지체가 함께 즐거워하느니라
> 고린도전서 12:27
> 너희는 그리스도의 몸이요 지체의 각 부분이라

다른 사람과 동역하기 위해서는 자신을 낮추며, 다른 사람을 존중하는 겸손한 자세가 있어야 합니다. 하나님은 그런 사람을 통해 일하시기 때문입니다.

3) 성도와의 관계

예수 그리스도를 믿는 성도들은 그리스도 안에서 한 가족이 된 지체들입니다. 예수 그리스도의 핏값으로 사신 성도들은 서로 사랑으로 섬겨야 할 대상입니다. 그러므로 나 자신이 다른 지체의 짐이 되거나 걸림돌이 되지 않도록 덕을 세우기에 힘써야 합니다.

성도들을 대할 때 섬김받고, 이해받고, 도움받으려는 것보다

그리스도의 사랑으로 베풀고 섬기려는 자세를 가져야 합니다. 또한 다른 사람의 허물과 약점을 예수 그리스도 안에서 이해하려고 하며, 용납하고, 감당하는 자세를 가져야 합니다.

하나님의 일꾼은 우리를 필요로 하는 사람을 섬기기 위해 세워진 직분입니다. 어려운 문제를 가지고 있는 성도가 없다면 일꾼이 세워질 이유도 없습니다. 모든 성도들은 사랑으로 섬겨야 할 대상입니다.

3. 사회생활 (디모데전서 3:7, 마태복음 5:16)

그리스도인들은 세상의 빛과 소금의 직분을 감당함으로 어두운 세상을 밝히는 본이 되는 삶을 살아야 합니다. 이 세상에서 각자에게 주어진 사회생활도 충성되게 잘 감당함으로 세상 사람들에게 선한 영향력을 미칠 수 있어야 합니다. 그리스도의 일꾼은 세상을 무시하고 사는 것이 아니라 세상 속에서 그리스도의 말씀을 지키면서 세상을 변화시키는 삶을 살아야 합니다.

이를 위해 그리스도인들은 각자가 처한 곳에서 주어진 직분에 충실해야 합니다. 직장인은 직장에서 맡은 일을 책임 있게 수행해야 하며, 주부는 가정을 관리하는 일에 성실해야 하고, 학생은 주어진 학업에 최선을 다해야 합니다. 이 세상에서 맡은 각자의 기본적인 일도 잘 감당하면서 주님을 섬기는 일에 본을 보여야 합니다.

마태복음 5:16
이같이 너희 빛이 사람 앞에 비치게 하여 그들로 너희 착한 행실을 보고 하늘에 계신 너희 아버지께 영광을 돌리게 하라

그리스도인으로서 사회생활에 본이 되지 않을 때 복음 전도의 문이 막히는 방해를 받습니다. 세상에서 사랑과 섬김의 본이 되는 삶을 통해 하나님의 영광을 드러내어야 합니다.

1. 가정생활에서 건강한 관계란 무엇인가요? 건강한 가족관
   계를 위해 감당해야할 자세를 나누어 보세요.

2. 교회생활에서 건강한 관계란 무엇인가요? 건강한 교회생
   활을 위해 감당해야할 자세를 나누어 보세요.

3. 사회에서 건강한 관계란 무엇인가요? 건강한 사회생활을
   위해 감당해야할 자세를 나누어 보세요.

*He chose capable men from all Israel and made them leaders of the people, officials over thousands, hundreds, fifties and tens. They served as judges for the people at all times. The difficult cases they brought to Moses, but the simple ones they decided themselves. - **Exodus 18:25, 26** -*

Part 04

리더의 역할

"모세가 이스라엘 무리 중에서 능력 있는 사람들을 택하여 그들을 백성의 우두머리 곧 천부장과 백부장과 오십부장과 십부장을 삼으매 그들이 때를 따라 백성을 재판하되 어려운 일은 모세에게 가져오고 모든 작은 일은 스스로 재판하더라" (출애굽기 18:25, 26).

I. 그룹 리더

그룹 리더는 교회의 전체 사역을 돌아볼 수 있는 영적 지도력이 있는 팀 리더들 중에서 세워집니다. 그룹 리더는 하나님 나라 중심의 역사와 교회 안에서 진행되는 전체적인 성령의 인도하심을 볼 수 있는 눈이 있어야 합니다. 하나님의 역사는 개인 차원이 아니라 하나님께서 주관하시는 하나님 나라에 속한 하나님의 일이기 때문입니다.

1. 그룹의 전체성

그룹 리더는 그룹에 속한 팀들이 교회 전체적인 방향을 따라 사역할 수 있도록 돕습니다. 각 팀 사역이 교회 전체성을 따라 한 성령 안에서 같은 사역이 되도록 합니다. 교회 전체성 안에서 팀의 특성에 따른 자율성을 가지게 하되, 전체성을 벗어난 사역이 되지 않도록 보호하는 역할을 합니다.

> 고린도전서 1:10
> 형제들아 내가 우리 주 예수 그리스도의 이름으로 너희를 권하노니 모두가 같은 말을 하고 너희 가운데 분쟁이 없이 같은 마음과 같은 뜻으로 온전히 합하라

교회는 예수 그리스도를 머리로 하는 하나의 몸입니다. 그러므로 머리되신 예수 그리스도를 중심으로 서로 연합되어 하나가 되어야 합니다.

2. 팀의 관계성

그룹에 속한 각 팀이 서로 원활히 교통하고 동역하는 것을 돕습니다. 그룹 내에 있는 팀 리더, 셀 리더들을 인격적인 관계성으로 돌보고 섬기는 일을 합니다. 그룹 안에 있는 팀 리더, 셀 리더에. 대한 상담과 교제 그리고 사역 전략과 비전을 나누는 일을 합니다. 이런 교제를 통해 팀과 셀의 사역이 사무적이 되지 않고, 인격적인 관계로 유지될 수 있도록 합니다.

> 빌립보서 2:4
> 각각 자기 일을 돌볼뿐더러 또한 각각 다른 사람들의 일을 돌보아 나의 기쁨을 충만하게 하라

각 팀과 셀은 자기 중심의 사역이 되지 않고 다른 팀과 셀을 함께 돌아보고, 서로 교제할 수 있게 돕습니다. 하나님 나라와 교회 전체성을 돌아볼 수 있게 해야 합니다.

3. 팀 셀의 사역 관리

자신의 그룹에 속한 모든 팀과 셀의 사역 현황을 파악하고 관리합니다. 팀을 부흥케 하는 전략을 세우며, 또한 사역을 침체하게 하는 요인을 분석하여 그것을 극복할 수 있는 전략을 세우는 일을 합니다.

그룹의 공통성과 특성을 참고하여 팀과 셀의 사역을 평가, 분석하여 사역 전략을 세웁니다. 세워진 그룹의 사역 전략을 각 팀에서 시행할 수 있게 합니다. 또한 새로운 사역을 위해 각 팀과 셀을 새롭게 편성하며, 조정하는 일을 합니다.

4. 그룹 간의 동역

그룹 리더는 다른 그룹과의 사역적인 연합과 동역에 힘씁니다. 나이, 성별, 직장, 지역 등의 특성을 따라 서로 다른 그룹에 협조나 이해를 구하여 조정하는 일을 합니다. 각 그룹의 이해 차원을 넘어서서 교회 전체의 유익을 위해 필요한 셀이나 팀을 조정하는 일을 합니다. 각 그룹의 특성을 강조함으로 인해 다른 그룹과 배타적인 관계나 분리되는 역사가 발생하지 않도록 해야 합니다.

5. 사역의 공유

그룹과 팀의 리더 모임을 통해 각 사역 현황을 나누는 일을 합니다. 다른 그룹과 좋은 사역적인 정보를 서로 교환하며, 그룹 간에 관계성을 가지고 교회 전체적인 영적 상황을 서로 공유합니다. 이를 통해 교회 사역의 전체성과 영적인 연합을 이룹니다.

II. 팀 리더

팀 리더는 셀을 개척한 사역의 경험이 있는 셀 리더 중에서 세워집니다. 팀 리더는 팀에 속한 셀의 사역을 그룹의 전체성과 연결하는 일에 힘씁니다. 팀에 세워진 셀 리더를 돌보며, 리더십을 세워주며, 격려하는 일을 합니다.

1. 팀 사역

팀 리더는 교회와 그룹 전체성에 따라 맡은 팀 사역을 인도합니다. 자기 팀의 특성과 상황, 은사 등에 따라 고유한 팀 사역을 할 수도 있습니다. 이를 위해 팀 리더는 팀에 속한 셀들이 교회와 그룹의 전체 방향성을 따라 사역 방향과 전략을 세우도록 돕습니다. 각 셀이 팀 전체성을 따라 다른 셀과 연합하여 사역할 수 있도록 그 방향을 인도합니다.

2. 연합
팀 리더는 그룹 안의 다른 팀과 연합하여 동역하는 일을 힘씁니다. 팀 간에 동역하며, 협력하는 방법으로 사역합니다. 자기 팀만 독자적으로 고립되거나, 분리되는 사역이 되지 않도록 다른 팀과 전체 방향성을 맞추는 일을 합니다.

3. 관계성

팀 리더는 그룹 리더와 인격적인 관계성으로 동역하며 사역합니다. 그룹 리더와 교회 전체 목표와 사역 방향을 나눔으로 다른 그룹 및 팀과 균형있는 사역을 합니다.

4. 리더 관리

팀 리더는 셀 리더를 인격적으로 훈련, 격려함으로 일꾼을 세우기에 힘씁니다. 셀 리더를 영적으로 보호하고, 그 사역을 돕고 지원합니다. 셀 리더가 영적으로 침체되지 않도록 섬기며, 받은 은사가 활성화되도록 도와주는 역할을 합니다. 셀 안에서 셀 리더가 할 수 없는 문제들을 상담, 교제를 통해 돕습니다.

III. 셀 리더

셀 리더는 동역자로서의 역할을 충성스럽게 감당하고, 영적 리더십을 인정받은 사람을 세웁니다. 셀 리더는 셀 사역을 책임지며, 전도와 양육으로 복음 사역의 기초 공동체를 이루는 데 힘씁니다. 셀 모임이 가까운 사람들끼리 모이는 교제 중심이 되지 않고, 전도와 양육이 중심이 되어 역동적인 소그룹 공동체를 이루도록 합니다.

1. 전체성

셀 리더는 교회와 셀 전체 역사를 볼 수 있어야 합니다. 모든 것을 개인 차원이나 인간적인 차원이 아닌 하나님 중심적으로 보는 관점을 가져야 합니다. 셀 리더는 자신의 셀의 특성과 상황에 따라 창의적인 셀 사역의 전략을 세울 수 있는 통찰력이 필요합니다. 이를 위해 교회와 팀의 전체성에서 벗어나지 않도록 자신을 살피고 분별력을 가져야 합니다.

> 빌립보서 2:4
> 각각 자기 일을 돌볼뿐더러 또한 각각 다른 사람들의 일을 돌보아 나의 기쁨을 충만하게 하라

2. 교회 리더 중심 사역

셀 리더는 그 교회에 세워진 일꾼입니다. 그러므로 교회 전체 리더십 중심으로 셀 사역을 해야 합니다. 이를 위해 전체 리더십과 같은 비전, 같은 뜻, 같은 마음을 가져야 합니다.

고린도전서 1:10
형제들아 내가 우리 주 예수 그리스도의 이름으로 너희를 권하노니 모두가 같은 말을 하고 너희 가운데 분쟁이 없이 같은 마음과 같은 뜻으로 온전히 합하라

셀에 맡겨진 영혼들은 교회 영적 리더 중심으로 돌보아야 합니다. 셀 리더는 셀 모임이나 사람들에게 개인적인 영향력을 행사하지 않고, 교회 리더 중심으로 질서를 따라 신앙하도록 도와야 합니다.

3. 사랑

리더의 사역 기초는 예수 그리스도의 사랑의 돌봄이 되어야 합니다. 리더는 어떤 일이나 사역 중심이 되지 않고, 한 영혼에 대한 인격적인 관계 중심이 되어야 합니다. 사랑 없이 하는

헌신과 열심은 하나님 앞에 아무 유익이 없습니다. 모든 사역에 사랑이 없으면 하나님이 받으실 영적 열매가 없습니다.

고린도전서 13:3
내가 내게 있는 모든 것으로 구제하고 또 내 몸을 불사르게 내줄지라도 사랑이 없으면 내게 아무 유익이 없느니라

사람에게 보이는 업적이나 일 중심의 사역이 되지 않도록 하고, 한 영혼을 사랑하는 마음에서 나오는 영혼 중심의 사역이 되도록 힘써야 합니다.

고린도전서 16:14
너희 모든 일을 사랑으로 행하라

4. 전도와 양육을 통한 공동체성

셀의 기본적인 사역은 영혼을 전도하고, 양육하는 것과 공동체를 배우는 것입니다. 이 세 가지 사역이 일어나지 않는 셀은 교제 중심의 모임이 되어 셀의 영적 생명력이 약하게 됩니다. 셀의 목표는 전도와 양육을 통해 또 다른 리더를 양성하여, 다른 셀을 개척하는 것입니다. 이를 위해 모임마다 새로운 영혼을 전도하고, 그들을 제자로 양육하여 또 다른 일꾼을 세우는 일을

해야 합니다.

디모데후서 2:2
또 네가 많은 증인 앞에서 내게 들은 바를 충성된 사람들에게 부탁하라 그들이 또 다른 사람들을 가르칠 수 있으리라

셀에 속한 모든 사람은 매일 전도하는 삶과 영혼을 양육하는 삶을 살아야 합니다. 그래서 모든 사람은 다른 사람을 1:1로 양육하든지, 다른 사람으로부터 1:1로 양육을 받는 관계가 되어야 합니다.

5. 섬김의 본

리더는 주장하는 자세로 하지 않고 자신이 본을 보이는 방법으로 영혼을 돌보아야 합니다. 자기가 하지 못할 일을 남에게 강요하지 않아야 합니다. 리더는 남을 가르치려는 자세로 하지 않고 배우려는 자세로 하며, 자신이 먼저 그리스도의 인격을 훈련받기에 힘써야 합니다.

요한복음 13:14
내가 주와 또는 선생이 되어 너희 발을 씻었으니 너희도 서로 발을 씻어 주는 것이 옳으니라

리더는 자신이 인격적으로 훈련받는 만큼 다른 사람을 인격적으로 훈련시킬 수 있습니다. 그러므로 또 다른 좋은 리더를 세우기 위해 자신이 본이 되는 리더십을 보여주어야 합니다.

6. 동역

리더는 하나님이 각자에게 주신 은사를 적극 활용하여 서로 동역하면서 사역해야 합니다. 다른 사람에게 주신 좋은 은사를 존중하며, 그것으로 하나님을 잘 섬기도록 도와주며, 그의 부족한 점은 다른 사람과 동역을 통해 보완되도록 합니다.

자신의 사역에 다른 사람의 도움이 필요함을 인정하며, 다른 사람의 은사를 존중하고 동역함으로 공동체 전체에 덕을 세워야 합니다.

7. 리더 세우기

셀 리더는 셀을 통해 또 다른 리더가 세워지도록 리더 양육에 힘써야 합니다. 진정한 리더는 자신만을 위한 리더가 아니라 다른 사람을 리더로 세우는 일을 잘 하는 사람입니다. 자기 혼자만 모든 일을 하고 인정받고자 하는 사람은 다른 사람을 리더로 세울 수 없습니다. 그런 리더는 자기를 위해 다른 사람들이 희생할 것을 강요하게 됩니다. 하나님이 기뻐하시는 리더는 동역자를 격려하며, 자신보다 더 나은 리더로 세워주는 기회를 줍니다.

사도행전 11:25
바나바가 사울을 찾으러 다소에 가서
사도행전 11:26
만나매 안디옥에 데리고 와서 둘이 교회에 일 년간 모여 있어 큰 무리를 가르쳤고 제자들이 안디옥에서 비로소 그리스도인이라 일컬음을 받게 되었더라

바나바와 같이 사람들이 가까이 하기를 꺼려 하는 바울을 도와서 그를 위대한 사도로 세우는 자가 진정한 리더입니다. 리더의 책임은 또 다른 리더를 세우는 것입니다. 훌륭한 리더는 자기를 통해 자신보다 더 나은 리더를 세우는 사람입니다.

IV. 동역자

동역자는 교회 전체성을 가지고 주님을 섬기는 성숙한 사람으로 세워집니다. 동역자는 셀 리더를 잘 동역하여 셀 리더가 셀을 섬기는 역할을 잘 할 수 있도록 돕는 직분입니다. 이 직분을 잘 감당함으로 장차 셀 리더의 직분을 준비하는 기간이 됩니다.

1. 셀 리더를 세워줌

동역자는 셀 사역의 영적인 질서와 셀 리더의 리더십을 잘 세워주는 섬기는 역할을 합니다. 셀에 세우신 셀 리더의 영적인 리더십은 동역자들에 의해서 세워집니다. 하나님께서 자기 위에 세워주신 리더십을 인정하고 그를 존중해야 합니다.

셀원들에게 셀 사역의 본을 보여야 합니다. 셀의 역사를 위해서 셀 안에서 리더와 인격적인 동역을 해야 합니다. 보이는 셀 리더에게 순종하는 것을 통해 보이지 않는 하나님께 순종하는 훈련을 잘 감당해야 합니다.

2. 셀 리더를 동역함

　동역자가 해야 할 중요한 역할은 셀 리더의 사역에 동역하는 것입니다. 이를 위해 셀을 셀 리더 중심으로 동역하며 섬기는 본을 보여야 합니다.

　하나님은 각 사람을 각자 다른 개성으로 창조하셨으며, 또 각각 서로에게 다른 은사들을 주셨습니다. 그러므로 각 사람이 하나님의 일을 하는 방법과 역할이 다를 수밖에 없습니다. 그것이 복음의 본질적인 것이 아닌 사소한 방법적인 문제라면 그것은 하나님께서 그 리더의 특성을 따라 사용하시는 것을 인정해야 합니다.

　자신과 같지 않은 리더의 일을 판단하기보다 하나님 편에서 이해하려고 하는 겸손한 자세를 가져야 합니다. 자기 마음에 맞지 않고 생각이 다르다고 비협조적이거나 불평하거나 소극적인 자세로 하기보다는 서로 교제를 통해서 이해함으로 걸림이 없도록 해야 합니다. 셀 리더의 부족한 부분은 그것을 위해 기도하는 방법으로 해결하도록 합니다. 개인 문제로 인해 셀 모임 전체 역사에 걸림이 되지 않아야 합니다. 이를 통해 예수 그리스도의 자기 부인과 십자가를 배우는 리더로 준비됩니다.

　자기 자신의 일을 잘 하는 것보다 세워진 리더의 역할과 셀 전체의 사역이 잘 되는 것을 위해 섬기는 겸손한 인격이 있어야 합니다. 셀원들에게 셀 리더를 섬기는 본을 보여주므로 셀 동역에 힘써야 합니다.

한 리더 밑에서 좋은 동역을 할 수 있는 사람이 좋은 리더가 될 수 있습니다. 좋은 동역자의 역할을 못하는 사람은 좋은 리더가 되지 못합니다. 동역자에게는 리더를 동역하는 그것으로 하나님의 상이 주어집니다.

3. 셀 리더를 보호함

셀 리더의 사역을 보호하며, 어려움을 돕는 일을 합니다. 셀 사역을 무너뜨리기 위해 사단은 영적인 리더를 공격합니다. 셀 리더를 부정적인 말로 판단하고, 비판하며, 세속적인 말로 모임 분위기를 흐트리는 일을 동역자가 지혜롭게 막아야 합니다. 그것이 하나님의 셀 사역을 보호하고, 셀의 영혼을 보호하는 동역자의 사명입니다.

성숙한 동역자는 리더의 연약한 점을 사랑으로 감당함으로 그것으로 인한 방해를 막는 일을 합니다. 좋은 동역자는 자기 지도자의 연약한 점을 막아서는 사랑의 인격을 가진 자입니다.

4. 중보 역할

동역자는 셀을 위한 중보기도자가 되어야 합니다. 셀 리더의 영적 리더십을 위해 기도하며, 셀원들의 구원과 성장을 위해 기도해야 합니다. 셀 모임 분위기를 위해 기도하며, 어려운 셀원들을 돌아보며, 기도해야 합니다.

특별히 셀 리더와 셀원 사이에 영적 관계를 이루는 다리 역할을 합니다. 셀 안에 각 직분자들 간에 인간관계를 어렵게 하는 것을 막아서는 기도를 통해 셀을 보호해야 합니다.

5. 셀 리더의 대역

동역자는 셀 리더의 부재 시, 셀 리더의 위임을 받아 셀을 대신 인도하는 일을 합니다. 또한 셀 리더의 역할의 미비한 부분을 보완하며 동역하는 역할을 합니다. 셀 사역에서 셀 리더의 역량이 미치지 못하는 부분을 잘 감당하며 섬겨야 합니다. 셀 리더가 직접 하기 어려운 부분들을 대신 지혜롭게 섬김으로 셀 리더의 사역을 동역하는 일을 합니다. 이를 통해 장차 성숙한 리더로서의 역량을 준비하게 됩니다.

6. 셀 모임 준비

동역자는 셀 모임의 영적인 분위기를 이루기 위해 준비해야 합니다. 이때 셀 리더의 인도를 따라 기도로 준비합니다. 모임 전에 먼저 와서 모임 장소를 영적으로 밝고, 은혜롭게 준비하며, 식사(간식), 찬양, 셀 교제, 모임을 위한 연락, 영접, 환영 준비 등을 미리 준비합니다.

셀 리더가 모임을 인도할 때 적극적으로 호응을 하며 영적인 분위기를 이루는 데 적극적으로 힘씁니다. 셀에서 자기가 있어야 할 위치와 자기가 해야 할 역할에 충실한 사람이 하나님의 좋은 동역자입니다.

7. 영혼 돌봄

동역자는 셀에 속한 영혼을 양육하며 돕는 일을 합니다. 전도와 1:1 양육과 실제적인 셀의 필요를 섬김으로 돕습니다. 이때 일 위주로 하지 않고, 한 영혼 중심의 인격적인 사역을 해야 합니다. 셀을 섬기고 도울 때 항상 셀 리더와 인격적인 관계성을 가지고 동역하며 독자적으로 하지 않아야 합니다. 자기 양이 아니라 예수님의 양이며, 교회에서 맡겨주신 영혼이라는 개념을 가져야 합니다. 그러므로 영혼을 개인 중심이 아니라 교회 중심으로 도와야 합니다.

1. 그룹 리더의 역할은 무엇이며, 그 역할을 감당하기 위한 자세는 무엇인가요?

2. 팀 리더의 역할은 무엇이며, 그 역할을 감당하기 위한 자세는 무엇인가요?

3. 셀 리더의 역할은 무엇이며, 그 역할을 감당하기 위한 자세는 무엇인가요?

4. 동역자의 역할은 무엇이며, 그 역할을 감당하기 위한 자세는 무엇인가요?

*And the things you have heard me say in the presence of many witnesses entrust to reliable men who will also be qualified to teach others. - **2 Timothy 2:2** -*

Part 05

소그룹

"또 네가 많은 증인 앞에서 내게
들은 바를 충성된 사람들에게 부
탁하라 그들이 또 다른 사람들을
가르칠 수 있으리라" (디모데후서
2:2).

I. 소그룹의 목표와 구성

소그룹 셀을 구성하고 인도할 때 고려해야 할 사항이 있습니다.

1. 소그룹의 목표

셀 모임의 목표는 전도와 양육을 통한 소그룹 공동체의 삶을 배우는 것입니다. 소그룹 모임은 예수 그리스도의 형상을 닮은 예수님의 제자를 세우는 것을 목표로 합니다. 셀은 단지 성도들이 모여서 성경 공부하고, 교제 나누는 것이 주된 목적이 되어서는 안 됩니다. 왜냐하면 그런 모임은 인간적인 모임으로 변질되어 영적인 정체를 가져오기 때문입니다. 셀은 영혼을 구원하고 양육하는 사역을 할 때 예수 그리스도의 생명이 역사하는 역동적인 모임이 됩니다.

전도하지 않고, 영혼 구원의 역사가 없으며, 성령 안에서 성장하고 변화되는 것이 없는 모임은 영적인 생명력이 없기 때문입니다. 셀이 기존 성도들을 중심으로만 모이는 모임을 위한 모임이 될 때 영적 침체를 가져옵니다.

결혼한 가정에 새 생명을 가진 자녀가 태어나는 것과 같이 성령님이 함께 하시는 셀은 새로운 영혼이 새 생명으로 태어나는 역사가 일어납니다. 건강한 셀에는 역동적인 전도와 양육을 통해서 영혼이 구원받아 변화되고 성장하는 역사가 있습니다.

2. 소그룹의 구성

예수님은 12명의 제자를 선택하여 훈련하셨습니다. 실제 소그룹 구성은 리더의 역량과 셀의 형편에 따라 그 인원을 다르게 할 수 있습니다.

1) 기본 인원

모임을 구성하는 최소 단위는 리더 1명과 동역자 1명을 기준으로 합니다. 이 두 사람은 서로 동역하여 다른 사람을 전도하고, 양육할 수 있는 최소의 인원입니다. 셀은 기존 성도들의 모임이 아니라, 전도를 중심으로 하는 모임이 되어야 합니다. 그러므로 많은 인원보다 전도와 양육할 수 있는 소수의 사람으로 시작하는 것이 좋습니다.

2) 적정 인원

일반적으로 모임을 효과적으로 이루는 데 적정한 인원은 3-7명을 기준으로 하며, 상황과 형편에 따라 달라질 수 있습니다. 셀을 섬길 수 있는 동역자의 수에 따라 많아질 수도 있고, 섬길 동역자가 없는 경우에는 이보다 적을 수도 있습니다. 그러나 너무 많으면 효과적인 양육과 교제를 이루는 데 어려움이 있기에 셀을 나누는 것이 좋습니다.

3. 소그룹 모임

소그룹 모임은 영적인 분위기가 이루어질 수 있어야 합니다.

1) 장소

모임을 이루는 장소는 영적인 방해를 받지 않고, 안정된 분위기를 유지할 수 있는 곳이면 좋습니다. 인격적인 분위기를 위해서는 가능하면 가정을 개방하여 집에서 모이는 것이 유익한 점이 많습니다. 형편이 여의치 않을 시에는 밝고, 청결하며, 외부로부터 보호된 조용한 장소이면 좋습니다.

새가족들이 방해받을 수 있는 장소는 피하는 것이 좋습니다. 참석자들이 시선을 빼앗기고, 모임에 집중하지 못하거나, 영

적으로 어둡고, 불결하고, 시간적으로 쫓기는 장소 등은 피해야
합니다.

2) 모임 분위기

성령의 임재가 있는 영적인 분위기를 유지하기 위해서는 세
속적이고 인간적인 것들로 방해받지 않도록 해야 합니다. 또한
모임 자체가 너무 경직되어 무거운 분위기가 되지 않도록 합니다.
참석자들이 밝고, 부드러우며, 열린 분위기를 유지하여, 누구나
마음을 열고 적극적으로 교제할 수 있는 편안한 분위기를 만들
기에 힘써야 합니다. 이를 위해 모임 장소와 환경을 밝고 안정된
곳으로 준비합니다.

3) 모임 날짜와 시간

모임 날짜는 가급적 교회 전체적으로 정해진 날짜에 맞추도
록 하되 부득이한 사정이 있는 경우는 형편에 맞게 조정할 수 있
습니다. 모임 시간의 길이는 일반적으로 1-2시간 내에서 융통성
있게 하되 밤 시간에는 너무 늦지 않도록 배려해야 합니다. 특히
시작하고 마치는 시간은 정해진 시간대로 지킬 수 있도록 하며,
임의로 변경하지 않도록 합니다. 시간의 변경이 불가피할 경우에
는 모든 셀원들의 동의를 얻도록 합니다.

II. 소그룹 모임의 분위기와 내용

소그룹이 은혜로운 모임이 되기 위해서는 인도하는 리더의 성숙한 리더십과 지혜가 필요합니다.

1. 모임의 분위기

예수 그리스도를 중심으로 모이는 소그룹은 예수님의 은혜와 기쁨이 충만한 모임이 되도록 합니다. 모임이 인간적인 것으로 인해 침체되거나 산만하게 되지 않도록 합니다.

1) 기쁨과 자유함

예수 그리스도가 중심이 되는 모임에는 성령의 자유함과 기쁨이 있습니다. 모임이 인간적이고 세상적인 분위기가 되면 영적으로 어둡고, 침체됩니다. 그런 모임은 성령 안에서의 자유가 없음으로 인해 심각하고 무거운 분위기가 됩니다.

고린도후서 3:17
주는 영이시니 주의 영이 계신 곳에는 자유가 있느니라

리더는 기도로 준비하여 자신이 먼저 은혜로 충만하여 어두운 분위기를 밝고 기쁘게 이루도록 합니다. 성령이 충만하게 역사하는 모임은 주님의 은혜와 기쁨 그리고 자유함이 있습니다.

2) 소망과 격려

리더는 모임을 밝고, 적극적인 자세로 긍정적인 분위기로 인도해야 합니다. 참석한 모든 사람에게 예수 그리스도 안에서 소망을 가지고, 어려운 사람에게는 격려와 위로가 되는 모임이 되어야 합니다. 리더는 사람들 앞에서 부정적인 말, 어두운 얼굴, 개인적인 문제에 매여서 분위기를 어둡게 해서는 안 됩니다. 또한 부정적이고 어려운 사람에게 비난과 판단이 아니라 소망과 위로와 사랑으로 섬기는 모임을 이루어야 합니다.

> 갈라디아서 5:22
> 오직 성령의 열매는 사랑과 희락과 화평과 오래 참음과 자비와 양선과 충성과
> 갈라디아서 5:23
> 온유와 절제니 이같은 것을 금지할 법이 없느니라

리더는 어둡고 부정적인 사람에게도 격려와 칭찬으로 위로하고 세워주는 일을 해야 합니다. 이를 위해 자신이 먼저 기도를 통해 성령 안에서 충만한 영성을 유지해야 합니다.

3) 객관성

리더는 모든 사람들에게 치우치지 않는 객관성을 가지고 공평하게 대하는 성숙한 인격이 있어야 합니다. 세상에 속한 믿지 않는 사람들에게도 모임을 지혜롭게 인도하여 덕을 세울 수 있어야 합니다.

디모데전서 3:7
또한 외인에게서도 선한 증거를 얻은 자라야 할지니 비방과 마귀의 올무에 빠질까 염려하라

리더는 사회적인 도덕 기준에 흠이 없고, 믿지 않는 사람에게도 본이 되어 선한 영향력을 주는 모임이 되도록 합니다. 가정에서 모임을 가질 때 그 집에 피해가 가지 않도록 덕을 세워야 합니다. 모임을 통해 이웃에 피해를 주는 일을 피하며, 모임을 늦은 밤까지 함으로 부담을 주지 않도록 해야 합니다.

4) 성령의 인도

모임을 인위적으로 인도하지 않고 성령의 인도하심에 따라가도록 합니다. 인간적인 생각과 흥미 위주로 하여 성령의 역사를 거스르지 않도록 해야 합니다. 사람의 지혜와 계획보다 기도를 통해 성령의 뜻을 따라갈 때 더 은혜로운 모임이 됩니다.

갈라디아서 5:17
육체의 소욕은 성령을 거스르고 성령은 육체를 거스르나니 이 둘이 서로 대적함으로 너희가 원하는 것을 하지 못하게 하려 함이니라
갈라디아서 5:18
너희가 만일 성령의 인도하시는 바가 되면 율법 아래에 있지 아니하리라

사람이 주도적으로 하는 모임은 인위적이 되어 경직되기 쉽습니다. 사람에게서 나온 육신의 생각은 성령을 거스르기 때문입니다. 리더가 자기 생각을 부인하고 겸손하게 성령의 인도하심을 따를 때 성령의 자유함이 있는 모임이 됩니다.

2. 모임 내용 (사도행전 2:42-47)

모임의 형식과 방법은 상황에 따라 다소 변경될 수 있습니다. 그러나 셀 모임에 기본적으로 항상 있어야 할 것들은 잘 지켜서 영적 생명력을 잃지 않아야 합니다. 셀 모임에 기본적으로 있어야 할 것은 말씀, 기도, 찬양, 교제입니다.

1) 찬양
모임의 주관자 되신 하나님을 높여드리는 찬양을 드립니다.

찬양은 셀 구성원의 특성과 새가족들에게 맞는 곡을 선정합니다. 찬양을 드릴 때 성령의 임재를 바라며 마음을 다해 하나님께로 나아가기에 힘씁니다. 이때 찬양을 맡은 사람은 미리 기도로 준비하여 은혜롭게 인도해야 합니다. 마음 없이 형식적으로 하지 않도록 하며, 간절한 마음으로 하나님의 임재를 사모하면서 성령님을 초청해야 합니다. 항상 모였을 때 먼저 찬양을 드림으로 그 모임 가운데 성령의 기름부음이 있도록 합니다.

2) 환영

서로 간에 친밀한 사랑으로 환영, 인사, 소개함으로 마음을 여는 시간을 가집니다. 이 때 새로 온 사람들을 그리스도의 사랑으로 따뜻하게 환영해주면서 서로 소개하는 시간을 가지기도 합니다. 이를 통해 긴장되고 어색한 분위기를 자연스럽게 깨뜨릴 수 있는 시간이 됩니다.

3) 모임을 위한 기도

시작할 때 모임 가운데 임하실 성령의 충만함과 말씀을 통해 주실 은혜를 바라며 기도합니다. 기도는 성령을 의지하여 믿음으로 하되 진부하거나 길지 않게 간결하면서도 간절하게 합니다. 입술에서 나오는 말로 하는 형식적인 기도가 아닌 심령으로

부터 나오는 간절한 마음의 기도를 합니다.

4) 말씀 나눔

그 날 정해진 하나님의 말씀을 주어진 주제에 초점을 맞추어서 간결하게 전합니다. 이때 하나님의 말씀을 교리적인 이론이나 율법적인 지식으로 전하는 것을 피합니다. 하나님의 말씀을 영으로 깨달아 자신의 삶에 적용한 레마의 말씀을 단순하고 쉽게 전합니다.

리더는 많은 지식을 전달하고자 하는 유혹을 피하고, 그날 정해진 주제를 중심으로 간결하게 나누어야 합니다. 자기 지식과 이론으로 사람의 말을 전하지 않도록 하며, 오직 성령께서 주시는 말씀만 전하기에 힘써야 합니다. 또한 인도자가 개인적인 경험을 바탕으로 많은 말을 하지 않고, 정해진 본문 말씀을 중심으로 인도합니다.

5) 교제

교제할 때는 전해진 말씀을 중심으로 자신에게 적용된 삶을 통해 받은 은혜를 나눕니다. 이때 말씀을 잘 받고 교제를 영적으로 잘 할 수 있는 성숙한 사람부터 먼저 하게 하여 본을 보이는 것이 좋습니다.

교제 시 주의할 점은 그 주에 선포된 본문 말씀 중심으로 나누고, 주제에서 벗어나지 않도록 해야 합니다. 말씀과 관계없는 세상적인 이야기나, 인간적인 자기 이론을 주장하는 말이나, 선포된 하나님의 말씀에 대해 논쟁하는 말들은 피합니다.

한 사람에게 너무 많은 시간을 할애하지 않도록 하며, 다른 사람에 대한 비난, 판단하는 말, 정치적인 논쟁 등으로 덕이 안 되는 말은 절제합니다. 다른 사람이 한 말에 대해서 자기 의견을 말하고자 할 때는 인도자의 동의를 구해서 하도록 하며, 임의로 하지 않도록 질서를 지켜야 합니다. 이를 위해서 성숙한 동역자들이 먼저 말씀 중심으로 교제를 나누는 본을 보이도록 합니다.

교제는 간단한 다과를 나누면서 편안한 분위기에서 합니다. 그러나 너무 과다한 다과나 음식으로 모임을 이루는 데 부담을 주거나 영적인 교제를 하는 데 지장을 주지 않도록 합니다. 식사나 간식의 준비는 그것으로 영적인 것을 방해하거나 모임의 초점을 벗어나지 않도록 합니다.

6) 마무리 기도

모임을 통해 주신 하나님의 성품과 은혜를 찬양하고 감사하는 기도를 합니다. 또한 하나님 나라와 국가와 민족 그리고 교회와 소그룹 모임 등 필요한 기도 제목을 위해 기도합니다. 참석자들을 위한 특별한 기도 제목을 찾아서 함께 기도할 수도 있습니다. 교회와 셀의 부흥, 전도의 역사, 전도 대상자들, 1:1 양육, 죄 문제, 회개할 것, 가정 문제, 직장 문제, 질병, 두려워하고 있는 문제, 영적인 은사와 믿음의 성장 등을 위해 기도합니다.

7) 마침

다음 모임에 대해 광고하고, 하나님을 찬양하는 말과 서로를 축복하는 말로 마칩니다.

IV. 소그룹 모임 (성경공부) 인도

소그룹 모임은 인도자의 리더십에 따라 그 모임의 분위기가 좌우됩니다. 인도하는 리더가 영적으로 충만하면 모임이 은혜롭게 인도되고, 리더가 성숙한 인격으로 인도하면 모임이 성숙한 모임이 됩니다. 그러므로 모임을 인도하는 리더는 자신의 성숙한 신앙 인격과 영성을 위해 힘써야 합니다.

1. 인도자

하나님의 말씀을 전하거나, 성경 공부를 인도하고자 할 때 모임을 인도하는 리더는 그 모임을 통해 하나님을 기쁘게 해드리고자 하는 마음을 가져야 합니다. 모임이 사람을 기쁘게 하는 인간적인 모임이 되지 않기 위해서는 리더의 영적 리더십이 필요합니다.

모임에 하나님의 임재와 은혜가 있기 위해서는 성령의 인도하심이 필요합니다. 사람의 지혜와 생각으로 하면 오히려 인간적인 분위기가 되어 메마르게 됩니다. 모임을 인도하는 리더 자신이 기도로 성령 충만한 것이 중요합니다.

특히 하나님의 말씀을 전하거나, 성경 공부를 인도할 때 지식적인 이론으로 하지 않아야 합니다. 기도를 통해 성령이 깨달게 해주는 말씀을 전할 때 영적인 생명을 줄 수 있습니다. 은혜로운 모임은 좋은 말을 잘 하는 것으로 되는 것이 아니라, 성령의 인도하심을 따라가는 것으로 됩니다. 사람의 말을 하면 사람이 하는 일이 나타나고, 성령이 주시는 말씀을 전하면 성령의 역사가 나타납니다. 그러므로 인도자는 자기 말을 줄이고, 기도를 통해 성령이 깨닫게 하시는 말씀을 전해야 합니다.

이를 위해 전할 말씀을 깊이 묵상하며, 그 본문을 통해 하나님이 말씀하시는 뜻을 알아야 합니다. 하나님의 말씀은 일점일획도 없어지지 않으며, 모든 말씀에는 하나님의 뜻이 있습니다. 그러므로 말씀을 묵상할 때 한 말씀도 지나치지 않고 그 안에 있는 하나님의 뜻을 찾고자 해야 합니다. 하나님의 말씀을 대할 때 주관적인 선입견을 버리고, 겸손한 마음으로 그 시에 주시는 하나님의 말씀을 받아야 합니다.

자신이 받지 못한 말씀을 지식적으로 전하거나 자신도 깨닫지 못하는 말씀을 교훈적으로 전하지 않아야 합니다. 인도자 자신이 먼저 그 말씀을 통해 성령이 주시는 하나님의 뜻을 받아 자신에게 적용할 수 있어야 합니다.

2. 모임 인도의 실제

소그룹 모임은 인도자의 신앙 성숙도만큼 모임의 영적 분위기가 이루어집니다. 좋은 모임을 이루기 위해서는 먼저 리더가 좋은 인도자가 되어야 합니다.

1) 기도로 준비

모임을 자신이 인도한다는 생각을 내려놓고 성령께서 그 모임을 인도해 주시도록 기도합니다. 성령께서 그 시에 자신에게 역사하시는 말씀을 받고 전할 때 듣는 모든 사람에게 그 말씀이 성령으로 역사하시도록 기도합니다.

모임에 중요한 것은 그 시에 성령께서 주시는 하나님의 은혜입니다. 그러므로 자기주장을 내려놓고 겸손한 자세로 하나님의 은혜를 구해야 합니다. 자기 힘으로 은혜를 끼칠 수 없고 오직 성령께서만 하실 수 있기 때문입니다. 또한 모임에 대한 영적방해를 기도로 준비할 때 미리 막을 수 있습니다. 하나님의 은혜가 많을수록 방해도 많기 때문입니다.

2) 영적 분위기

예수 그리스도가 주인 되시고, 성령이 역사하시는 모임에는 자유함과 사랑과 기쁨이 충만합니다. 모임의 영적 분위기는 모임을 인도하는 사람의 영적인 상태에 의해 좌우됩니다. 인도자가 성령의 은혜로 충만할 때 자신의 부족함이 있어도 밝고 부드러운 분위기가 됩니다.

반면 인도자가 성령의 인도하심을 따라가지 못하면 모임이 경직되고 무거워집니다. 성령의 역사가 활발하지 않는 모임에서는 사람들의 마음이 어려워지고 굳어지기 때문입니다. 인도자는 기도와 말씀으로 자신의 영혼을 깨끗하고 정결케 하여 성령의 역사에 걸림이 없어야 합니다.

예수님께서 온유하고 겸손한 사랑으로 세리와 창기들을 섬길 때 죄인들의 모임에서도 은혜와 기쁨이 충만했습니다. 인도자가 다른 사람의 연약함을 판단하거나 용납하지 못하면 성령을 소멸하게 합니다. 인도자가 모든 사람을 주님의 사랑으로 섬기는 마음으로 모임을 인도할 때 성령 충만한 은혜가 있습니다.

3) 말의 절제

인도자는 모임을 통해 사람들에게 주님의 은혜를 받게 하는 통로 역할을 해야 합니다. 인도자 자신이 말을 많이 하지 않아야 합니다. 인도자가 자기 말을 많이 하면 사람들이 수동적으로 반응하여 분위기가 침체될 수 있습니다. 사람의 생각에서 나오는 말은 성령의 역사를 막는 역할을 하기 때문입니다.

좋은 인도자는 자신이 많은 것을 가르치려 하기보다 성령께서 각 사람에게 하신 것을 자유롭게 말할 수 있도록 기회를 줍니다. 각 사람 속에 역사하신 하나님의 일을 나눌 때 모임이 활성화됩니다. 리더는 모임 안에 역사하시는 성령의 인도하심에 따라가기에 힘쓰며 인위적인 것으로 성령의 흐름을 방해하지 않도록 합니다. 특히 세속적이고, 인간적인 말과 신학적인 이론과 정치적인 논쟁을 피해야 합니다(디도서 3:9-10).

4) 단순한 인도

인도자는 모임을 단순하게 인도하고, 많은 지식을 전하고자 하는 유혹을 피해야 합니다. 자기가 알고 있는 모든 지식을 전하려는 욕심을 버리고 그때, 그곳에 성령께서 전하시게 하는 것만 단순하게 나누어야 합니다. 지식적이고 인간적인 말을 많이 할수록 성령의 역사가 소멸됩니다. 참석자들의 영적 유익을 우선시하며, 자기 유익을 구하지 않아야 합니다. 모임의 목적과 주어진 주제에 충실하여 모든 것을 하나님의 영광만을 구하는 목적으로 해야 합니다.

5) 말씀 중심

말씀을 인도할 때 정해진 본문에서 하나님께서 말씀하시는 것에 초점을 맞추고 그것에서 벗어나지 않아야 합니다. 본문이 말씀하시는 주제를 중심으로 단순하게 전해야 합니다. 많은 지식을 전하기 위해 여러 가지 주제를 다루면 하나님의 말씀을 혼

잡하게 합니다. 사람이 자기 생각과 자기 이론을 가르치려 할 때 많은 말을 하게 됩니다. 사람에게서 나오는 인간적인 말에는 영적 생명이 없습니다.

그러나 하나님으로부터 받은 말씀은 한 마디 말씀으로도 능히 사람을 변화시키는 영적 생명과 능력이 있습니다. 좋은 인도자는 자신을 드러내지 않고 다만 자신을 통해 하나님이 말씀하시게 하는 사람입니다.

6) 말씀 적용

성경 말씀을 배우는 목적은 단순히 성경 지식 자체를 아는 것이 아니라, 알려준 그 말씀을 삶에 적용하여 순종하는 것에 있습니다. 배우는 말씀을 순종할 목적으로 하지 않는 성경 공부는 그 지식으로 다른 사람을 판단하고 가르치려 함으로 인해 자기 영혼에 유익이 없습니다.

그러므로 성경 공부를 할 때 새로운 지식을 알고자 하는 지적 욕심을 목적으로 하지 않도록 합니다. 지식만 쌓고 삶이 따라가지 않으면 종교적인 사람이 됩니다. 또한 성경 말씀을 통해 하나님이 말씀하시는 뜻대로 살고자 하기보다, 자기가 원하는 것을 얻고자 하는 편향된 자세를 가지지 않도록 주의해야 합니다. 그러면 성경에서 하나님이 중요시하는 낙타는 걸러내고, 자기가 중요시하는 하찮은 하루살이 같은 것만 구하게 됩니다.

하나님의 말씀은 그것을 순종하여 행하려 하는 사람에게 그 말씀의 실제가 나타납니다. 모임을 통해 배운 하나님의 말씀을 적용하여 삶을 살아낸 실제적인 말씀의 역사를 나누어야 합니다. 적용되는 삶이 없이 이론적이고, 지식적으로만 가르치고, 배우는 성경 공부가 되지 않도록 해야 합니다.

7) 하나님의 영광

소그룹 모임의 최고 가치는 그 모임을 통해 하나님의 임재와 영광이 나타나는 것입니다. 모임 때마다 각 사람에게 하나님이 하신 일을 찬양하며, 그를 통해 깨달은 하나님의 성품을 알리어 선포하는 것으로 하나님께 영광 돌리는 일을 합니다. 하나님의 영광이 없는 모임이나 하나님께 영광 돌리는 것이 없는 모임은 사람을 위한 사람의 모임이 될 뿐입니다.

인도자는 그 모임을 통해 하나님의 성품과 하나님의 영광만을 드러내기에 힘써야 합니다. 사람이 드러나는 모임이 되지 않도록, 인간적인 행위나 능력이 드러나는 모임이 되지 않도록 해야 합니다. 오직 하나님의 은혜와 능력으로 인도되는 모임이 되도록 합니다.

8) 어려운 말씀

하나님 말씀 중에는 이해하기 어려운 내용들이 많이 있습니다. 어려운 말씀은 억지로 풀려고 하지 않고 모르는 채로 두어야 합니다. 또한 성경 공부 인도 중에 이해할 수 없는 질문이 있을 때 일단은 보류하고 좀 더 정확하게 알아본 후 다음 기회에 알려주도록 합니다. 어려운 말씀을 자기 생각으로 억지로 풀려다가 더 큰 문제가 될 수 있습니다. 아무도 모든 성경 말씀을 다 이해할 수는 없습니다.

3. 모임 인도

모임을 은혜롭게 인도하기 위해 인도자의 성숙한 지혜가 필요합니다.

1) 밝고 긍정적인 인도

인도자는 모임을 밝고 긍정적인 분위기로 인도하여 모임에 은혜가 넘치도록 합니다. 긍정적인 모임을 위해서는 먼저 성령께서 영적으로 준비하신 사람을 통해 받은 은혜를 나누는 것으로 합니다. 하나님께서 은혜를 주시는 대로 주님의 은혜에 감사와 기쁨이 많은 사람을 통해 영적 분위기를 밝게 이루어 갑니다. 이를 통해 무겁고 어두운 분위기를 전환할 수 있습니다.

하나님의 사랑과 예수 그리스도의 십자가의 은혜에 초점을 맞추고, 부정적인 것에 지배되지 않도록 합니다. 이를 위해 인도자가 긍정적이고, 소망적인 믿음의 언어를 사용해야 합니다. 모임을 하나님의 사랑과 소망을 바라보게 하는 믿음의 말로 인도합니다. 하나님의 성품을 나타내는 데 힘쓰며, 부정적이고, 비판적인 분위기가 되지 않도록 해야 합니다.

2) 새가족 기준의 인도

성경 공부 내용을 기존 동역자 위주로 하지 않고 새가족의 수준에 맞추어 인도합니다. 신학적인 어려운 용어를 피하고, 어려운 성경 용어를 쉽게 풀어서 설명해야 합니다. 또한 교회 안에서만 사용하는 고유한 언어나 동역자들만 쓰는 특정한 용어의 사용을 피하고, 일반적이고 쉬운 말을 사용합니다. 인도자 중심이 아닌 새로운 영혼 중심으로 인도합니다.

3) 공평한 인도

모임에서 특정인만 부각되거나, 소외되는 사람이 없도록 합니다. 모임 분위기가 특정한 사람 위주로 진행되지 않게 합니다. 인도자는 발표력이 뛰어난 사람, 자기를 드러내기를 좋아하는 사람, 성경 지식이 많은 사람 위주가 되지 않게 모임을 진행해야 합니다. 또한 발표력이 부족하거나, 자신을 드러내는 데 소극적인 사람, 성경 말씀에 깨달음이 부족한 사람이 소외되지 않도록 배려합니다.

성경 말씀을 온전히 다 아는 사람은 아무도 없습니다. 잘 모르는 사람에게 부담을 주거나, 무시당하는 분위기가 되지 않게 해야 합니다. 모임에서 어느 개인이 드러나기보다 각 사람을 통해 일하시는 하나님을 드러내기에 힘써야 합니다.

4) 논쟁을 피함

모임이 사람의 지식적인 토론이나 논쟁의 장이 되지 않도록 합니다. 하나님의 말씀을 지식적인 논쟁거리로 삼지 않도록 하며, 하나님의 거룩하신 성품을 위주로 각 사람이 그 말씀을 자기 삶에 적용하는 데 초점을 맞추어야 합니다. 하나님 말씀에 대한 논쟁은 무익하며, 불명확한 것은 인간적인 주장을 하기보다 성령의 인도하심을 구하며 함께 기도하는 방법으로 해결해야 합니다. 사람의 주장이 강하면 논쟁이 되나, 말씀에 순종함으로 기도하는 모임은 성령으로 하나가 됩니다.

5) 시간

인도자는 정해진 시간에 시작하고, 정해진 시간에 끝내도록 합니다. 예외적인 경우에는 전체의 동의로 조정할 수 있습니다. 밤 시간에는 밤늦게 끝나지 않도록 해야 합니다.

1. 셀의 목표는 무엇이며, 셀은 어떻게 구성할 수 있는지 나누어 보세요.

2. 셀은 어떤 기준으로 인도해야 하나요? 셀모임의 형식과 방법에 대해서 나누어 보세요.

3. 하나님의 은혜가 충만한 셀모임이 되기 위해서 인도자가 갖추어야 할 준비와 원칙에 대해서 나누어 보세요.

Deacons, likewise, are to be men worthy of respect, sincere, not indulging in much wine, and not pursuing dishonest gain.
*They must keep hold of the deep truths of the faith with a clear conscience. - **1 Timothy 3:8 -***

집사

"이와 같이 집사들도 정중하고 일구이언을 하지 아니하고 술에 인박히지 아니하고 더러운 이를 탐하지 아니하고 깨끗한 양심에 믿음의 비밀을 가진 자라야 할지니" (디모데전서 3:8, 9).

Ⅰ. 집사의 직무

집사는 사역자를 도와 교회를 섬기는 직분입니다.

사도행전 6:2
열두 사도가 모든 제자를 불러 이르되 우리가 하나님의 말씀을 제쳐 놓고 접대를 일삼는 것이 마땅하지 아니하니
사도행전 6:3
형제들아 너희 가운데서 성령과 지혜가 충만하여 칭찬 받는 사람 일곱을 택하라 우리가 이 일을 그들에게 맡기고
사도행전 6:4
우리는 오로지 기도하는 일과 말씀 사역에 힘쓰리라 하니

1. 봉사

집사의 직분은 하나님의 교회를 섬기는 선한 청지기 직분입니다.

1) 구제
집사는 교회를 통해 어려운 사람들을 돌보는 일을 합니다(사도행전 6:1-3).

2) 친교

집사는 교회 안에서 성도들 간의 영적인 교제 모임이 이루어질 수 있도록 섬깁니다(사도행전 2:46, 히브리서10:24-25).

3) 사회적인 일

집사는 교회와 관계된 대외적인 일을 섬깁니다. 교회의 건축, 시설, 대외 행정, 재정 등에 관한 일을 처리하며 섬깁니다.

4) 전도

집사는 영혼을 구원하는 전도에 힘씁니다(사도행전 8:5-7). 집사는 전도하는 일을 통해 하나님의 영적인 일을 합니다. 초대교회의 집사인 스데반, 빌립은 성령이 충만하여 영혼을 구원하는 전도의 삶을 살았습니다.

2. 사역의 동역 (사도행전 6:1-4)

집사는 사역자가 말씀과 기도에만 전념할 수 있도록 교회 사역을 돕는 직분입니다. 목회자가 말씀과 기도 외에 다른 일로 방해받지 않도록 돕습니다.

Ⅱ. 집사의 자격

1. 집사 추천 기준
1) 예수 그리스도를 믿고 세례를 받은 자
2) 성도들의 본이 되는 자
3) 3년 이상 본 교회에 신앙 중심을 지킨 자
4) 30세 이상인 자
5) 디모데전서 3:8-10의 기준에 적합한 자

2. 영적 기준 (사도행전 6:3-8)

집사는 영적인 일을 감당할 수 있는 영적인 조건이 구비되어야 합니다.

1) 성령이 충만한 사람
하나님의 일은 영적인 일이므로 집사는 성령으로 충만해야 합니다. 교회 일은 사회적인 지위나 인간적인 능력으로 하는 것이 아니라 성령의 능력으로 할 수 있기 때문입니다.

2) 지혜가 충만한 사람

하나님의 일을 하나님의 뜻대로 하기 위해서는 하나님의 뜻을 아는 지혜가 필요합니다. 하나님을 섬기는 영적인 지혜는 하나님을 경외하는 믿음에서 나옵니다(잠언 9:10). 교회의 영적인 일에는 방해가 많기 때문에 방해를 이기기 위한 영적인 지혜와 분별력이 있어야 합니다.

3) 칭찬 듣는 사람

교회 안에서 성도들로부터 객관적으로 그 신앙을 인정받는 사람이어야 합니다. 교회 공동체로부터 그 신앙이 검증되어야 합니다.

3. 신앙 인격적 기준 (디모데전서 3:8-13)

집사는 하나님의 일을 섬길 수 있는 신앙 인격이 준비되어야 합니다.

1) 정중함

타인에게 존경받는 신앙을 하는 사람이어야 합니다. 영적인 삶이 신중하며 성실하여 다른 사람의 본이 되어야 합니다.

2) 정직과 충성

집사는 하나님이 허락하신 모든 맡은 일을 하나님 앞에서 성실하게 수행하는 충성심이 있어야 합니다. 집사는 각종 재정, 구제 등 중요한 교회 실무를 담당하므로 맡은 일에 대해 충성하는 신뢰성과 정직이 요구됩니다. 맡은 일에 대해 구차한 변명이나 핑계로 일구이언을 하지 않아야 합니다.

3) 자기 관리

세상적인 나쁜 습관에 묶인 것이 없어야 합니다. 술, 담배, 도박, 마약, 오락 게임, 음란 등에 묶인 것이 없이 자기 삶을 절제하는 자기 관리 능력이 있어야 합니다.

4) 순수함

집사는 세상적인 더러운 이를 목적으로 교회를 봉사하려는 사리사욕의 마음이 없어야 합니다. 인간적인 명예나 세상적인 영리를 목적으로 교회 직분을 탐하지 않아야 합니다. 또한 돈을 사랑하는 마음이나 물질에 묶인 것이 없어야 합니다(디모데전서 6:10).

5) 깨끗한 양심

집사는 하나님 앞에 마음이 정결하고 깨끗한 양심을 가진 자라야 합니다. 마음에 거짓이나 부정직한 속임이 없어야 합니다. 삶이 투명하게 빛 가운데 드러난 사람이어야 합니다.

6) 믿음

집사는 예수 그리스도의 십자가를 만난 믿음의 비밀을 가진 자라야 합니다. 예수님의 속죄 사역과 성령의 권능을 아는 영적인 믿음을 가진 사람이어야 합니다.

7) 가정생활

한 아내의 남편이 되어 자녀와 자기 집을 잘 다스리는 자라야 합니다. 부부 간, 부모 자녀 간에 믿음 안에서 화평함과 신앙의 본이 되는 삶을 사는 자라야 합니다.

4. 여 집사의 자격

여 집사도 교회에 덕이 되는 인격을 갖추어야 합니다.

디모데전서 3:11
여자들도 이와 같이 정숙하고 모함하지 아니하며 절제하며 모든 일에
충성된 자라야 할지니라

1) 정숙함
교회 성도들로부터 존경받는 신앙을 해야 합니다.

2) 모함하지 않음
자기 입의 말을 절제하며 다스릴 줄 아는 경건을 가진 자라
야 합니다. 남을 판단, 험담, 비난, 불평하는 말을 하지 않아야
합니다(디모데전서 5:13-15, 잠언 20:19).

3) 절제
자기 생각, 감정, 생활을 절제하여 자기를 부인하고 하나님
말씀에 순종할 줄 아는 신앙을 가져야 합니다.

4) 충성
어떤 일을 맡겨도 불평하거나 게으르지 않고 성실하게 감당
하는 자라야 합니다. 작은 일을 맡겨 본 후 그 일에 충성할 때
큰 일을 맡겨야 합니다.

III. 집사의 임명

디모데전서 3:10
이에 이 사람들을 먼저 시험하여 보고 그 후에 책망할 것이 없으면 집
사의 직분을 맡게 할 것이요

집사는 충분한 신앙 검증 과정을 거친 후 합당한 때에 세웁
니다. 집사로 세울 자는 먼저 신앙 훈련을 통해 영적인 시험을
거친 후에 임명합니다. 사람의 중심은 좋은 상황이 아니라 어려
운 사건을 통해 나타납니다. 특히 신앙으로 인해 억울한 고난과
핍박, 하나님이 주시는 시험을 만날 때 그 신앙의 실제를 알 수
있습니다. 그 과정에서 하나님과 교회 앞에 책망할 것이 없고,
덕이 되는 사람을 세웁니다.

IV. 집사 직분의 축복

디모데전서 3:13
집사의 직분을 잘한 자들은 아름다운 지위와 그리스도 예수 안에 있는
믿음에 큰 담력을 얻느니라

하나님은 교회에 세워진 집사 직분을 잘 감당하는 사람에게
는 하나님 나라의 아름다운 지위를 얻게 하십니다. 하나님 일에
충성한 집사에게 그 직분을 통해 담대한 믿음을 가지는 복을 주
십니다. 그리고 하나님을 기쁘시게 한 그 직분을 통해 하늘의 상
급을 주십니다.

1. 집사란 무엇이며 교회에서 집사는 어떤 일을 해야 하나
   요?

2. 집사의 자격 기준은 무엇인가요? 집사의 직분을 감당하
   기 위한 자세는 무엇인가요?

3. 집사에게 주시는 하나님의 축복은 무엇인가요?